Metaverso y NFT

El descubrimiento de la Web 3.0, la inversión en tokens no fungibles, la realidad virtual, el criptojuego y el criptoarte

Índice de contenidos

Primera Parte: El metaverso para principiantes

La guía definitiva para entender e invertir en la web 3.0, los NFT, los criptojuegos y la realidad virtual

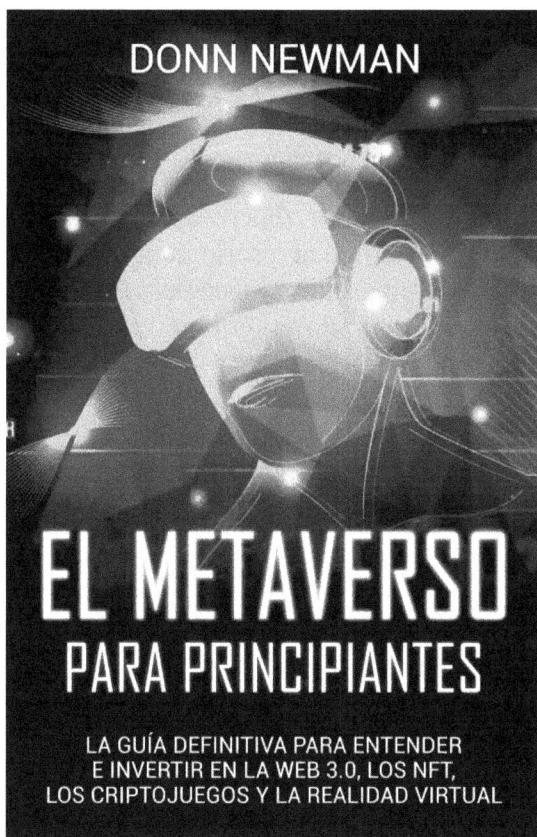

Introducción

"El metaverso será pronto el mundo real". - Anuj Jasani

¿Sabía que se puede ganar dinero en la realidad virtual? ¿O pensaba que la RV es solo un accesorio de juego caro? ¿Quizás no has oído hablar de una nueva tecnología emergente llamada blockchain? Tal vez haya oído el término *criptomoneda,* pero no sepa exactamente qué es.

Esta guía informativa pretende responder a todas estas preguntas, y a muchas más. En el primer capítulo, hablaremos de lo que es el metaverso, de cómo está cambiando el mundo en el que vivimos y de cómo puede usted formar parte de este nuevo futuro. El segundo capítulo se centrará en la realidad virtual, cómo se utiliza, qué herramientas se necesitan para ella y su relación con el metaverso.

El tercer capítulo hablará de la realidad aumentada, una de las nuevas tecnologías más populares del mercado actual. El cuarto capítulo se centrará en la web 3.0 y en cómo está cambiando la forma en que experimentamos internet y por qué podría ser útil en el futuro. El quinto capítulo se centrará en las criptomonedas, su historia y su relación con el metaverso.

El sexto capítulo se centrará en los numerosos NFT (tokens no fungibles) que se están creando para su uso en el metaverso. Para cuando llegue a este capítulo, esperamos que tenga una sólida comprensión de lo que es la tecnología blockchain y por qué es tan útil. El séptimo capítulo hablará de cómo ganar dinero en el metaverso y de cómo puede empezar a invertir en esta nueva tecnología para recibir futuros dividendos.

El octavo capítulo se centrará en los riesgos de esta nueva tecnología y por qué no son un problema tan grande como mucha gente piensa. El noveno capítulo se centrará en las preguntas más frecuentes que no están disponibles en la comunidad, pero que deberían responderse para comprender mejor esta tecnología relativamente nueva. El décimo y último capítulo se centrará en las claves para el futuro y en cómo se puede utilizar esta tecnología emergente para protegernos de algunos de los problemas que vemos en el mundo actual.

En nuestro viaje, conocerá las características claves del metaverso, incluyendo la mensajería, las redes sociales y los mundos virtuales. Entenderá cómo funcionan las criptomonedas y por qué tener un sistema transparente es importante para tener éxito en esta industria. Este libro también analiza la relación entre las criptomonedas y la realidad virtual y las numerosas NFT creadas para varios tipos de activos virtuales.

Al final, tendrá una mayor comprensión de la tecnología blockchain y de cómo podría ser utilizada para ayudar a proteger contra los ciberataques. Tendrá un nuevo sentido de conciencia sobre el metaverso, sus muchas características, y cómo puede utilizarlas en su beneficio. Con estos conocimientos, podrá empezar a invertir en la tecnología blockchain y participar en esta nueva economía. Tendrá la oportunidad de convertirse en un pionero y estar presente cuando se apodere del mundo. ¡Bienvenido al metaverso para principiantes!

Capítulo 1: ¿Qué es el metaverso?

"Creo que el metaverso es el próximo capítulo de internet". - Mark Zuckerberg

El término "metaverso" fue utilizado por primera vez por el escritor de ciencia ficción Neal Stephenson en su novela de 1992 "Snow Crash". Describe el mundo de la realidad virtual como un lugar en el que la gente puede escapar de su realidad, conocer a otros y hacer negocios. Hoy en día, este mundo imaginario ha cobrado vida, o al menos, va por buen camino. El metaverso es un universo completamente nuevo que existe en la realidad virtual (RV). Está formado por terrenos, bienes y servicios digitales que se compran y venden mediante una moneda digital.

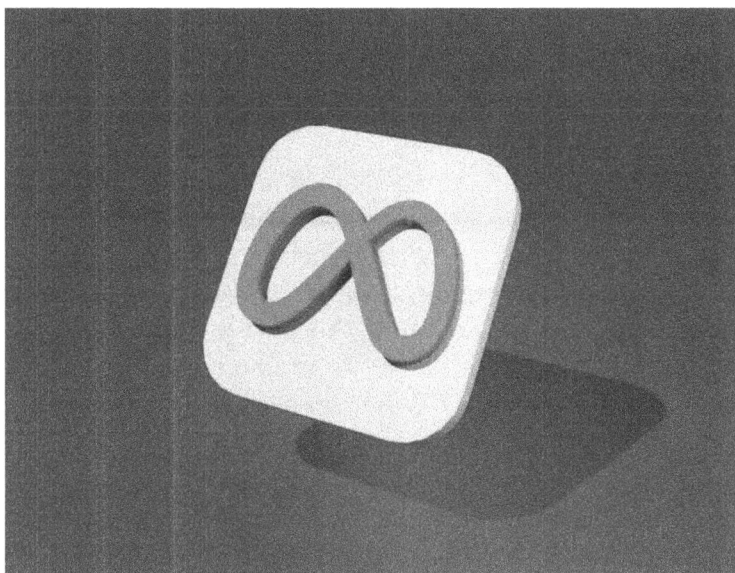

En el pasado, crear un mundo en 3D era demasiado caro para ser práctico. Pero en 2021, el fundador y consejero delegado de Facebook, Mark Zuckerberg, expuso su visión de una nueva plataforma de software llamada "OS-Meta". La ocasión fue la conferencia anual F8 de la compañía, y el anuncio fue noticia en todo el mundo. Zuckerberg dio un salto de fe y dijo: "Creo que el metaverso es el próximo capítulo de internet. Será accesible para cualquiera que quiera crear, compartir y experimentar nuevos mundos significativos. Cualquiera puede aprender los fundamentos de la creación de RV en cinco minutos". Y a partir de ahí, el proyecto explotó en popularidad.

En este capítulo se analizarán los conceptos fundamentales del metaverso, su historia y su impacto en las criptomonedas. También se analizará cómo se utilizan las criptomonedas en esta nueva economía digital, cómo ganan dinero los usuarios y cómo se monetizará el sistema.

¿Qué es el metaverso?

El metaverso es un mundo de realidad virtual que existe enteramente en línea. Se compone de avatares que representan al usuario, y permite a los usuarios comprar bienes virtuales con criptomonedas. El metaverso se basa en la tecnología blockchain, lo que permite a los usuarios realizar negocios de igual a igual sin necesidad de un organismo centralizado. El blockchain es parte integral del metaverso, ya que las entidades digitales globales lo utilizan para vender y comerciar.

Cuando Mark Zuckerberg anunció que Facebook estaba trabajando en un nuevo tipo de internet, hubo mucha confusión. Muchos se preguntaban qué sería el metaverso y cómo funcionaría. La idea tardó en calar, pero finalmente lo hizo. Ahora, aunque no hay componentes físicos de este nuevo mundo digital, el metaverso es un lugar real, y está creciendo. Ya se han negociado más de un millón de artículos y se han cotizado en moneda digital.

A medida que este nuevo mundo de la RV toma forma, más personas se dan cuenta de su potencial. Cada vez son más los emprendedores digitales que construyen una vida en el metaverso, ganan dinero y se divierten. Pero, al mismo tiempo, siguen existiendo muchas preguntas. ¿Cómo funciona el sistema? ¿Cómo se monetiza? ¿Quién tiene acceso a este nuevo mundo y quién lo controla? ¿Qué puede hacer exactamente un usuario en el metaverso?

A lo largo de este capítulo se dará respuesta a estas y otras preguntas. A medida que se discuta la historia y el estado actual del metaverso, quedará claro que este proyecto es mucho más que una simple visión de algo en el futuro. Veremos cómo este nuevo mundo digital ya está prosperando y cómo tiene el potencial de cambiar el mundo para todos.

¿Qué es la realidad virtual?

La realidad virtual (RV) es un entorno artificial generado por ordenador que simula la presencia física del usuario. Hace que el usuario se sienta como si estuviera allí, viendo, oyendo e interactuando con todo lo que le rodea. Para ello se utiliza hardware y software (es decir, auriculares y guantes) para generar información sensorial como la vista y el oído.

En 2016, la RV se convirtió en un término familiar cuando Facebook empezó a aceptar pedidos de su casco Oculus Rift, uno de los primeros dispositivos de RV para consumidores. Hoy en día, existen innumerables opciones para quienes buscan sumergirse en el mundo de la realidad virtual. Tanto si quieren explorar nuevos mundos como experimentar videojuegos inmersivos, hay algo para todos. En su mayor parte, la RV está todavía en pañales, pero está creciendo rápidamente, y muchos expertos predicen que se convertirá en la corriente principal en los próximos años.

La realidad virtual existe desde hace décadas, aunque su adopción por parte del público general ha sido lenta. Los primeros intentos de RV se remontan a principios del siglo XX, cuando un estereoscopio permitía ver una imagen tridimensional de algo en el mundo real. En 1939, una obra de radio llamada "La guerra de los mundos" comenzó con un mensaje en el aire que decía que lo que los oyentes estaban a punto de escuchar era de una "serie de radioteatro" que se hacía en forma de noticiero en tiempo real. La red de radioteatros sigue existiendo hoy en día, sobre todo para la lectura de obras de teatro y otras formas de entretenimiento.

Hoy en día, las aplicaciones de la RV están muy extendidas. La tecnología se utiliza en los negocios, la ciencia, los videojuegos e incluso el entretenimiento, como los conciertos virtuales en los que los usuarios pueden sentirse como si estuvieran realmente en el espectáculo. Su uso futuro parece no tener fin. Por ejemplo, la RV podría utilizarse para crear un museo digital en el que la gente pueda explorar exposiciones que de otro modo serían imposibles o demasiado costosas de llevar al mundo real.

En su discurso, Mark Zuckerberg dijo que el futuro de la RV es brillante. Continuó describiendo un futuro no muy lejano en el que la gente no solo asiste a eventos en directo, sino que se une a ellos. La gente podría encontrarse con un amigo al otro lado del mundo y sentarse juntos en un estadio digital viendo jugar a sus equipos deportivos favoritos. Podrían asistir a conciertos, hablar con amigos, trabajar en proyectos o simplemente relajarse en un entorno de playa virtual.

Aunque se lleva hablando de la RV desde hace décadas, no fue hasta el lanzamiento de Oculus Rift cuando esta tecnología empezó a florecer. "La realidad virtual se convertirá en una parte de la vida cotidiana para millones de personas", dijo Zuckerberg al describir su visión del futuro de la RV. "Adoptaremos por completo nuestro futuro en la realidad virtual, y empezaremos esta transición construyendo Oculus aquí mismo [señalando la mesa que tiene delante]".

Dentro del metaverso

La realidad virtual es la principal protagonista en la carrera hacia el metaverso, pero no es ni mucho menos la única. El metaverso es una oportunidad apasionante que ya ha empezado a florecer para aquellos que lo adoptan, ya que incluye terrenos digitales, productos básicos y un mercado de bienes y servicios, todo ello en un paquete muy práctico. El concepto de metaverso puede parecer complejo, pero hay muchas analogías que ayudan a entender qué es, cómo funciona y por qué ya está ganando impulso.

Facebook ofrece una gran visión general para entender el metaverso porque proporciona un espacio en el que sus usuarios pueden interactuar con personas reales en un mismo mundo mientras realizan negocios, completan transacciones digitales y hacen trueques entre ellos. En cierto modo, sirve como modelo de lo que puede llegar a ser el metaverso.

Mark Zuckerberg imaginó por primera vez la plataforma de una red social en internet, pero no pasó mucho tiempo antes de que la empresa se diera cuenta de que sus capacidades iban mucho más allá de las redes sociales. Facebook es, por supuesto, un gran lugar para chatear con amigos y familiares en línea o para compartir fotos, pero también es un lugar donde la gente puede jugar. Es un lugar donde la gente puede comprar y vender bienes virtuales. Y aunque no es la definición literal del metaverso, sí permite vislumbrar en qué puede convertirse.

Lo más difícil de crear el metaverso es que combina dos entidades distintas: la realidad virtual y la tierra digital. La RV es la tecnología que impulsa dispositivos como Oculus Quest 2, mientras que la tierra digital se refiere a cualquier tipo de propiedad que exista en un espacio basado en la informática. Un activo digital puede ser una piedra preciosa, un asteroide o incluso una propiedad del mundo real que existe virtualmente.

Lo primero que hay que entender sobre el metaverso es su diferencia con internet. Internet es una red de ordenadores en la que la información se almacena en servidores, pero la información en sí no se almacena dentro de las máquinas. Es simplemente un portal que da a la gente acceso a la información a través de sus ordenadores, tabletas y teléfonos inteligentes. Aunque la información en sí no se almacena dentro de los ordenadores, la gente puede utilizar sus dispositivos para acceder a ella. Simplemente van a un sitio web con la información, escriben un término de búsqueda y acceden a ella.

En el metaverso, sin embargo, la gente no se limita a visitar sitios web. La única vez que alguien visita un sitio web en RV es cuando quiere acceder a su perfil público o averiguar lo que la gente dice de él. Aparte de eso, no visitan sitios web. Van a lugares virtuales donde la información existe en tierra digital o dentro de las empresas.

Aquí es donde se pone un poco complicado, pero la forma más fácil de entender cómo funciona la tierra digital es pensar en Second Life. En este mundo virtual, la gente puede construir lo que quiera. Pueden crear paisajes y remodelarlos a voluntad. Incluso pueden construir ciudades o edificios enteros si así lo desean. En otras palabras, la tierra digital es un espacio tridimensional que existe únicamente en un ordenador. Es como cualquier propiedad del mundo real, salvo que se puede crear este tipo de propiedad con solo pulsar un botón.

El metaverso es la estación Grand Central de la RV

Con terrenos digitales y productos como naves espaciales, armas y artículos de lujo que existen como activos digitales, es fácil ver cómo el metaverso puede convertirse en una nueva y próspera economía. La gente utiliza los activos digitales cada vez menos para interactuar con los demás y más como mercancías para el trueque entre ellos, normalmente por servicios u otros activos digitales.

En el metaverso, la gente tiene todo lo que necesita. Pueden crear una casa de oro si lo desean o comprar terrenos de piedras preciosas. Las posibilidades son realmente ilimitadas. El único problema es que el metaverso tiene lugar en el ciberespacio. No hay un lugar real para que esta actividad tenga lugar, y eso es porque el internet no ocupa ningún espacio físico. Internet es simplemente un portal que la gente utiliza para acceder a información o servicios. No es algo que se pueda vincular físicamente.

En cierto modo, el metaverso es análogo a la estación Grand Central de Nueva York. En esta famosa estación de tren, todos los viajeros se encuentran e interactúan entre sí. Compran billetes, suben a los trenes e incluso se encuentran con personas que no han visto en años. Estas personas forman parte del mismo metaverso, aunque estén repartidas por toda la ciudad. Del mismo modo, personas de diferentes partes del mundo pueden encontrarse en el metaverso para hacer negocios o simplemente interactuar entre sí. Pueden construir sus mundos juntos o simplemente explorar diferentes mundos creados por otras personas.

El nombre de este espacio virtual refleja su perspectiva diferente. El término metaverso viene de la idea de que está un paso por encima de internet. En otras palabras, es un espacio virtual que tiene más permanencia y estructura que internet. No es solo un lugar en el que la gente puede estar ociosa y relacionarse con extraños. Es un lugar donde la gente interactúa con un nivel de permanencia, aunque esa permanencia sea digital.

El metaverso es como una segunda vida virtual

A medida que este espacio virtual madure, la gente podría incluso transferir su dinero del espacio de las criptomonedas a este espacio virtual. Esto se debe a que, por ahora, se necesita mucho esfuerzo para crear activos y productos digitales. Lleva mucho trabajo y puede que no merezca la pena el tiempo de la gente si no compran o venden cosas. Sin embargo, si las criptomonedas se pueden trasladar al espacio del metaverso, la demanda de activos digitales y productos básicos podría dispararse. Esto facilitaría increíblemente la creación y el uso de activos digitales en el mundo virtual y aumentaría el valor de las criptodivisas. Incluso podría hacer que las criptodivisas fueran más valiosas porque la gente podría utilizarlas para comprar y vender cosas en un mercado real.

Por ahora, la mayoría de la gente sigue utilizando internet para acceder a la información. No gastan todo su tiempo o su dinero en la realidad virtual, pero eso no significa que no vaya a ocurrir en los próximos cinco o diez años. La idea de crear una vida virtual separada del mundo real existe desde hace décadas. Sin embargo, en los últimos años se ha dispuesto de la tecnología necesaria para crear algo realmente separado del mundo real.

Este es el objetivo del metaverso, y es algo que podría cambiar la sociedad para siempre. Si la tecnología de la realidad virtual se convierte en algo habitual, la gente podría incluso pasar la mayor parte de su tiempo en el metaverso. Si esto sucede, podrían comprar tierras y productos básicos en el metaverso para almacenar su riqueza. Sería como invertir en el futuro del petróleo, pero en un espacio digital en vez de en el mundo real, y podría hacer que la gente se hiciera rica tanto en el mundo real como en el metaverso. Todavía es pronto para el metaverso, pero ya hay muchos proyectos que pretenden hacer realidad esta visión. Habrá muchos más desarrollos de este espacio en los próximos años.

El funcionamiento estándar del metaverso

Hay mucha diversidad en el funcionamiento de los distintos metaversos. Por ejemplo, algunos pueden utilizar tokens de criptomoneda mientras que otros lo evitan. Algunos metaversos evitan por completo la idea de los activos digitales y se limitan a utilizar la tecnología de RV para crear una experiencia totalmente inmersiva. En cualquier caso, el objetivo es siempre el mismo. Ya sea Facebook o cualquier otra organización pionera en esta tecnología, todas quieren crear un metaverso que la gente pueda utilizar para comprar y vender cosas. Quieren facilitar a la gente la creación de activos y productos digitales, como bienes inmuebles digitales o moneda digital. La esperanza es que esto impulse la demanda de criptomonedas.

Sin embargo, la mayor pregunta es si la gente querrá usar el metaverso para esto. Las generaciones más jóvenes ya están inmersas en las redes sociales y están acostumbradas a llevar una vida digital. Es posible que ya quieran una experiencia completa en el metaverso, pero no está claro si las personas mayores verán valor en esto. Además, no todo el mundo ve la necesidad de crear algo como un metaverso. El mercado y los activos digitales pueden existir sin un metaverso completo.

El valor de las criptomonedas podría depender de cómo la gente utilice esta tecnología para comprar y vender cosas. Por ejemplo, supongamos que la gente quiere utilizar las criptodivisas en el metaverso como lo hacen en eBay. En ese caso, el valor de las criptomonedas podría aumentar y enriquecerse. Sin embargo, si el metaverso en sí mismo nunca despega y la gente no utiliza los activos digitales como lo hace con los bienes raíces, entonces las criptodivisas podrían encontrarse sin un uso. Las criptodivisas podrían incluso disminuir su valor si esto sucede porque la gente no necesitará comprar y vender activos digitales como lo hacen con los bienes raíces.

Las personas que buscan invertir en criptodivisas deberían estar atentas a la idea de las tierras y las materias primas digitales. Esta tecnología puede revolucionar la forma en que la gente comercia e invierte. Es totalmente posible que una empresa cree un metaverso completo en los próximos cinco años y que la gente compre tierras digitales como inversión. Al mismo tiempo, es posible que esto no ocurra nunca y que las criptodivisas no se conviertan en una mercancía valiosa en el futuro.

¿Cómo acceder al metaverso?

Todavía es pronto para el desarrollo de metaversos a gran escala. Algunos, como el de High Fidelity, llevan años en desarrollo, pero aún no han lanzado el producto final. Todavía hay muchos retos técnicos que no se han resuelto, especialmente la interfaz de usuario. Cuando Facebook empezó, era difícil de usar y tenía una interfaz de usuario que no podía competir con otros sitios web. Facebook ha mejorado, al igual que el metaverso, pero aún no está claro cuándo veremos un producto final utilizable.

Hay muchas especulaciones sobre los requisitos tecnológicos para un metaverso a gran escala, y sabemos que requerirá un auricular de RV de alta calidad. Algunos especulan que será Oculus Rift, mientras que otros piensan que podría venir de Sony o de otra nueva compañía. Sin embargo, el mayor problema podría no ser la tecnología, sino la interfaz de usuario y la facilidad de uso.

Para acceder al metaverso, la gente necesita una gran potencia de cálculo. Para crear un espacio virtual accesible al público en general, las empresas tendrán que crear un metaverso que solo requiera la potencia de un ordenador personal promedio. Esto podría ser posible en los próximos diez años, cuando los ordenadores sean más potentes. Sin embargo, aún falta mucho para ello, y los primeros metaversos requerirán un hardware mucho más potente al que solo podrá acceder un pequeño número de personas.

La Oficina de Guerra Económica publicó un informe en septiembre de 2021 sobre el metaverso y cómo podría cambiar el mundo. En él se afirmaba que Facebook estaba liderando el desarrollo de esta tecnología y que debería lanzar su metaverso en los próximos dos años. El precio de las criptomonedas se disparó como resultado. Al mismo tiempo, no hay garantía de que la gente vaya a utilizar un metaverso, aunque se desarrolle. Las criptomonedas podrían perder valor si el metaverso no despega y la gente sigue comprando y vendiendo bienes digitales fuera de él.

El metaverso es un espacio de realidad virtual formado por terrenos y bienes digitales. La gente puede comprar y vender bienes digitales de la misma manera que compra y vende bienes físicos. Sin embargo, la economía es muy diferente en el metaverso porque no hay costes de producción aparte del desarrollo del software. El metaverso aún está en sus primeras fases y no está claro cuándo veremos el producto final. Facebook está trabajando en un metaverso y debería lanzar la primera versión de su producto en los próximos dos años. Además, aún no está claro qué tipo de interfaz de usuario tendrá y si lo utilizará alguien que no sea un pequeño número de personas. Las personas que deseen invertir en criptomonedas deberían tener en cuenta el metaverso y observar su evolución. Es muy probable que pueda revolucionar la forma de comprar y vender activos digitales.

Capítulo 2: Realidad virtual

"Lo increíble de la tecnología es que se siente como si estuviera presente en otro lugar con otras personas. La gente que lo prueba dice que no se parece a nada que hayan experimentado en su vida".
- Mark Zuckerberg

El futuro está llegando, y parece muy virtual. La realidad virtual (RV) es un espacio generado mediante un ordenador que puede ser similar o idéntico al mundo real para crear una experiencia de inmersión. El objetivo de la RV es engañar a los sentidos mediante la estimulación, lo que lleva a una suspensión de la incredulidad al sustituir la realidad por una simulada. Según Mark Zuckerberg, esto es lo que hace que la RV sea tan increíble. La idea de estar "presente en otro lugar con otras personas" es muy intrigante.

Mark Zuckerberg continuó diciendo: "Los juegos inmersivos serán lo primero, y Oculus ya tiene grandes planes para esto que no cambiarán, y esperamos que se aceleren. El metaverso es una visión diferente a largo plazo para la RV, pero este será el primer paso".

Cuando hablamos de la realidad virtual y de hacia dónde va, no debemos olvidar el metaverso. El metaverso es un espacio colectivo virtual compartido creado por la convergencia de la realidad física virtualmente mejorada y el espacio virtual físicamente persistente, que incluye la suma de todos los mundos virtuales, la realidad aumentada e internet. Es la red de mundos virtuales, con videojuegos, redes sociales e historias que lo describen como un lugar donde "los mortales pueden entrar en el reino de los dioses". En pocas palabras, el metaverso es un enorme espacio virtual interconectado. En este espacio se puede vivir todo tipo de experiencias, desde ir de compras hasta asistir a conciertos. Incluso se puede organizar una boda en el metaverso. Mucha gente ya lo hace.

El potencial de la RV es infinito. Esta tecnología permitirá a las personas experimentar cualquier cosa en un espacio virtual mientras mantienen su cuerpo físico en el mundo real. Puede que nunca vea a un famoso en la vida real, pero puede asistir a su concierto virtual. Tal vez quiera ir a una aventura con sus antiguos amigos del instituto. Con la RV también puede hacerlo. Pronto podremos ver un mundo en el que la mayoría de la gente haga su trabajo en el metaverso. Será interesante ver cómo afecta esto a la sociedad.

Este vistazo al futuro virtual es solo el principio. Póngase el cinturón de seguridad, las gafas de RV y prepárese para entrar en un nuevo mundo de experiencias inmersivas. Este capítulo ofrecerá una breve historia de los orígenes de la RV y su evolución. También se hablará del potencial futuro de esta tecnología en el metaverso.

¿Qué es la realidad virtual?

Antes de conocer el futuro de la RV, es importante saber qué es exactamente la realidad virtual. Cuando la gente habla de la tecnología en el metaverso, lo más probable es que se refiera a sus experiencias con la RV. Según Mark Zuckerberg, la RV es "una nueva plataforma de comunicación". Esto significa que esta tecnología permitirá una nueva forma de comunicación.

La RV es una experiencia en la que las acciones físicas de una persona se sustituyen por acciones deseadas. Por ejemplo, si una persona mueve la cabeza. El casco lo captará y trasladará ese mismo movimiento al espacio virtual. Puede ser una realidad totalmente nueva en la que todo es posible en muchos casos.

Esta idea no es nueva para quien haya crecido viendo películas como Matrix o eXistenZ. Matrix introdujo el concepto de ciencia ficción de la realidad virtual a un amplio público en 1999. Muchos señalan la fortaleza de la soledad de Superman en la película de 1978 como uno de los primeros ejemplos de realidad virtual. Puede ser cierto, pero lo interesante es que incluso este superordenador utilizaba imágenes para representar el mundo virtual. No se trataba de recrear la realidad, algo que tendría que ocurrir antes de que la RV pudiera hacerse realidad.

Con el tiempo, mucha gente quiso tener su versión de la holocubierta de Matrix. Una holocubierta es una cámara que puede simular la realidad y permitir que la gente viva sus fantasías sin utilizar ningún equipo especial. Por supuesto, la versión de Matrix de la holocubierta estaba alimentada por ordenadores y utilizaba rayos láser, algo que no es posible hoy en día.

En 2014, Facebook compró Oculus Rift por 2.000 millones de dólares. Lo que hace especial a esta empresa es su contribución al desarrollo de la RV. Con esta compra, Facebook tiene ahora uno de los mayores nombres de la realidad virtual.

Avance tecnológico

Cuando la mayoría de la gente piensa en la RV, inmediatamente piensa en los videojuegos. Esto tiene sentido porque la tecnología de los videojuegos ha mejorado drásticamente con el tiempo, y desempeñará un papel importante en el avance de la RV. La realidad virtual está directamente relacionada con los videojuegos porque estos últimos requieren el uso de equipos especiales como mandos de juego, auriculares y otros dispositivos que no se utilizan en la vida normal. Los desarrolladores de juegos fueron de los primeros en experimentar con la tecnología de RV.

Uno de los primeros tipos de tecnología de RV fueron los simuladores de vuelo utilizados para el entrenamiento de pilotos durante la Segunda Guerra Mundial. Otra forma de tecnología de RV temprana fue el sensorama en 1962. Este dispositivo simulaba experiencias a través de la estimulación sensorial, incluyendo imágenes, audio, vibraciones y viento. El sensorama se movía hacia arriba y hacia abajo para dar a la gente la experiencia de montar en bicicleta. Permitía a los usuarios sentir el viento en la cara mientras recorrían la ciudad de Nueva York.

Esto es solo la punta del iceberg. La realidad virtual ha evolucionado enormemente desde la aparición de Matrix en 1999. Aunque no fue hasta hace muy poco, cabe destacar que la RV existe desde hace mucho más tiempo de lo que mucha gente cree. Seguirá evolucionando, pero ¿qué significa cuando la gente dice "el metaverso"?

La realidad virtual frente al metaverso

El metaverso es un universo compuesto enteramente por información. Esta información incluye todo lo relacionado con todos y todo lo que ha existido o existirá. Neal Stephenson introdujo el término por primera vez en su libro Snow Crash. En esta novela, escribió sobre una realidad virtual llamada el "metaverso", que estaba enteramente compuesta por información. En aquel momento, podía parecer ciencia-ficción; sin embargo, la realidad virtual ha evolucionado para mejorar las experiencias de las personas de formas que antes no eran posibles.

La diferencia entre la RV y el metaverso es que una se utiliza para el entretenimiento, mientras que la otra consiste más en compartir información. En la realidad virtual, las personas interactúan a través de avatares que las representan en un entorno falso. Pueden utilizar estos avatares para hacer cosas que no pueden hacer en el mundo real, como luchar contra un dragón o viajar a otra galaxia.

El metaverso, por su parte, consiste en crear un universo en el que la gente pueda compartir información. Esto incluye todo, desde redes sociales hasta proyectos colaborativos como Wikipedia. Cuando la gente dice "el metaverso", se refiere a cualquier cosa que pueda conectarse para crear toda una red de información interconectada.

¿Cuáles son las herramientas necesarias para la RV?

La RV viene con muchas herramientas necesarias para que esta tecnología funcione correctamente. Una de ellas son los auriculares que se utilizan para sumergir a las personas en un entorno virtual explorable. Con los cascos, las personas pueden ver el aspecto que tendrían en un universo alternativo; pero también les permite manipular objetos y moverse en este reino. Otras herramientas son el mando, que manipula los objetos en este entorno virtual. Un controlador suele venir con sensores de movimiento para las manos que permiten a los usuarios realizar movimientos precisos en el mundo digital. Los mandos son necesarios para que la gente sienta que realmente existe dentro de este universo alternativo.

La tecnología de la RV también requiere algo más que el hardware. Para que la realidad virtual funcione, debe haber un mundo digital con el que la gente pueda interactuar. La mayoría de estos mundos se crean utilizando software de diseño 3D como Unity y Unreal Engine en los videojuegos. Esto da al jugador la posibilidad de moverse por su entorno como lo haría en la vida real. Una gran comunidad dentro del espacio digital crea modelos y accesorios personalizados para los videojuegos. La gente también puede utilizar estas herramientas para diseñar su propio universo digital.

¿Qué relación tiene la RV con el metaverso?

Cuando la gente utiliza la realidad virtual, está usando tecnologías desarrolladas para el metaverso. Para entenderlo mejor, imagine que lleva el Oculus Quest 2. Este casco le da acceso al metaverso y le permite explorarlo con otras personas a través de su avatar. El mundo virtual que usted explora podría ser cualquier cosa, desde un videojuego como Fortnite o Minecraft, o podría ser algo que ha sido diseñado por alguien que quiere que otros vean su creación.

El uso de la tecnología de RV para el metaverso consiste en crear un universo de información. La gente puede utilizar avatares para explorar diferentes partes del mundo y comunicarse con otros en tiempo real. Aunque la realidad virtual mejora las experiencias de las personas dentro de este universo, no abarca por completo todo lo que ofrece el metaverso.

Por ejemplo: si se explorara un universo digital, no se podría tocar nada. La realidad virtual consiste en sumergir a las personas en este universo; sin embargo, no les da la posibilidad de alcanzarlo y sentir que están realmente en otro lugar. Esto es lo que muchas empresas intentan conseguir mediante el uso de la tecnología háptica. Hasta ahora, esto se ha hecho mediante el uso de guantes. Esto permite al usuario tocar y sentir los objetos dentro de la realidad virtual.

Los usos de la RV

La RV tiene muchos usos en el mundo real. Se puede utilizar en aplicaciones comerciales para mostrar a los clientes el aspecto de un producto acabado antes de hacer un pedido. Por ejemplo, la gente utiliza la RV para diseñar nuevos coches. Esto les permite hacerse una idea de su creación y ver si alguna pieza es problemática. Las empresas automovilísticas llevan años utilizando este tipo de tecnología para comercializar sus vehículos.

Otro uso de la RV es en el campo de la medicina. Puede ofrecer muchas ventajas a médicos, cirujanos e incluso pacientes. Por ejemplo, algunas empresas han creado nuevas simulaciones de formación para que los estudiantes de cirugía practiquen sus habilidades en réplicas virtuales de personas reales. Esto les permite perfeccionar su arte sin poner en peligro la vida de nadie.

Otros usos menos comerciales son la terapia y el tratamiento. Los pacientes con TEPT pueden utilizar la realidad virtual para tratarse a sí mismos exponiéndolos al evento traumático inicial que experimentaron. También se utiliza en el mundo de la medicina para formar a los estudiantes de medicina, así como para dar a los pacientes acceso a una información que de otro modo no tendrían. Algunos de los procedimientos médicos más comunes que se enseñan utilizando la realidad virtual incluyen la cirugía cerebral, la cirugía cardíaca e incluso la cirugía por medio de la robótica.

Elon Musk se refirió a la utilización de la RV en la educación. Argumentó que los estudiantes aprenden más eficazmente cuando tocan los objetos y sienten su presencia física. Aunque la realidad virtual todavía no puede hacer esto, sigue proporcionando a las personas una realidad virtual en la que pueden explorar y aprender de diferentes partes del mundo.

Uno de los usos más desafiantes de la realidad virtual está en el mundo de la educación. Las escuelas llevan años trabajando en la búsqueda de nuevas formas de conseguir que los niños se entusiasmen más con el aprendizaje. Algunos educadores utilizan la RV con este fin, mientras que otros adoptan un enfoque diferente. Muchos estudiantes reciben ahora dispositivos como tabletas que pueden utilizar para acceder a la información en tiempo real. Aunque este es un método para ayudar a los estudiantes a aprender, no ofrece la misma experiencia que la realidad virtual.

Además de estos usos, la RV también puede utilizarse como forma de entretenimiento para quienes disfrutan de los videojuegos o para quienes buscan escapar del mundo real. Muchos videojuegos utilizan la tecnología de la RV para permitir a los jugadores acceder a un mundo diferente en formato digital. Esto les da la posibilidad de explorar este universo, resolver problemas e interactuar con otros jugadores de todas partes del mundo.

Con la ayuda de la realidad virtual, las personas pueden sentirse como si formaran parte de un mundo diferente. Por eso es tan importante que el metaverso integre esta tecnología antes de que pase mucho tiempo.

La realidad virtual en la web

La realidad virtual existe desde hace décadas, pero no se ha utilizado tanto como otras tecnologías, por ejemplo, los teléfonos móviles. Sin embargo, en los últimos cinco años, la RV ha experimentado un enorme auge tanto en su uso como en su innovación. En la actualidad, uno de los mayores mercados de la RV es el mundo online.

Una de las principales razones por las que la realidad virtual ha explotado es que las empresas están empezando a integrarla en sus sitios web. Por ejemplo, muchas empresas inmobiliarias han empezado a utilizar la RV para ofrecer a los compradores potenciales una visión más completa de las propiedades en venta. A través de la RV basada en la web, pueden explorar sus posibles nuevos hogares sin abandonar la comodidad de los actuales.

Otro ámbito que se ha beneficiado del poder de la realidad virtual es el de las compras en línea. Ahora los compradores pueden ver lo que compran de una forma nunca vista. Por ejemplo, algunas empresas han desarrollado ropa y zapatos con marcadores especiales para que los clientes puedan utilizar sus productos de RV en la web y ver cómo les queda esa ropa y esos zapatos en tiempo real.

Esto es especialmente útil para los compradores en línea cuando se trata de ropa, porque una persona puede ver lo bien que le quedará una determinada prenda antes de comprarla. Además, muchas empresas han visto aumentar sus beneficios gracias al uso de la RV en la comercialización de sus productos y servicios. Esto es cierto para todo, desde la ropa hasta los coches. Aunque la RV todavía está en pañales en lo que respecta a su uso en línea, esta tecnología tiene el potencial de cambiar por completo la forma en que la gente compra y explora internet.

La realidad virtual en los lugares de trabajo

Puede parecer una locura, pero la realidad virtual se ha hecho muy popular también en los lugares de trabajo. Muchos trabajos diferentes requieren que los trabajadores realicen diversas tareas. Algunas de ellas pueden ser peligrosas, mientras que otras son demasiado difíciles o caras para realizarlas en persona. Ahí es donde entra en juego el poder de la realidad virtual.

La realidad virtual permite a los trabajadores hacerse una idea de las tareas sin realizarlas realmente. Esto ayuda a las empresas a garantizar que sus empleados estén seguros y que no destruyan nada en el proceso de aprendizaje. Por ejemplo, si se quiere trabajar con maquinaria pesada o equipos peligrosos, se puede utilizar la realidad virtual para aprender cómo funcionan antes de hacerlo.

Futuros usos de la tecnología de RV

La gente lleva utilizando la realidad virtual desde hace más de una década. Sin embargo, la tecnología sigue avanzando cada día. La realidad virtual tiene mucho que ofrecer a la gente cuando se integre plenamente en el metaverso, desde los juegos hasta las aplicaciones empresariales.

En el futuro, las empresas planean desarrollar gafas de realidad virtual que la gente pueda utilizar para comunicarse con otros en todo el mundo. Facebook ha estado trabajando en un proyecto que permitirá enviar abrazos virtuales e incluso firmar documentos a distancia mediante esta tecnología.

El futuro de este tipo de tecnología aún no está claro porque hay muchas posibilidades disponibles. Con la expansión del metaverso y la mayor disponibilidad de la tecnología háptica, es solo cuestión de tiempo antes de que comiencen a integrarse estas dos tecnologías. Muchos creen que en los próximos diez años se impondrá la forma en que los seres humanos interactúan con el mundo digital.

También será importante que la gente pueda permitirse esta tecnología antes de que esté disponible en el metaverso. Aunque hay muchos tipos de auriculares, pueden costar cientos de dólares, lo que supone un precio elevado para quienes viven en la pobreza. Afortunadamente, la mayoría de las empresas siguen trabajando en este problema y están creando auriculares más asequibles para el consumidor medio. Pase lo que pase, está claro que la realidad virtual tendrá un gran impacto en el metaverso en general.

La RV tiene el potencial de cambiar la forma en que la gente se conecta de muchas maneras, mucho más allá del mero entretenimiento. Podría servir para que las personas se comuniquen entre sí cuando están separadas, para que expresen sus emociones y sentimientos a los demás, e incluso para que aquellos que no pueden ir a algún lugar del mundo real puedan hacer un recorrido por lugares famosos.

Dado que el uso de la RV no se limita a los juegos en primera persona, sino que también puede utilizarse para otras cosas, está claro que podría tener un gran impacto en el metaverso. Muchos creen que el metaverso se convertirá en lo que muchos consideran una realidad dentro de diez años o menos debido a los avances que se están produciendo.

La realidad virtual existe desde hace varias décadas, y es imposible predecir cómo podría cambiar el metaverso tal y como lo conocemos hoy. Lo único que sigue siendo cierto es que la realidad virtual puede tener un gran impacto en la forma en que nos conectamos a través de la tecnología. Cuando se integre plenamente en el metaverso, es casi seguro que la RV cambiará el mundo que nos rodea y nos proporcionará oportunidades que antes ni siquiera sabíamos que existían. La realidad virtual (RV) ha sido llamada "el medio final" por su potencial dentro del metaverso/mundo virtual. Aunque no está del todo lista para ser utilizada a gran escala, muchas empresas llevan varios años trabajando con la RV y desarrollando sus propios cascos.

Capítulo 3: Realidad aumentada

"Cuando lleguemos al mundo de la RA, muchas de las cosas que hoy consideramos objetos físicos, como un televisor, serán aplicaciones de 1 dólar en una tienda de aplicaciones de RA". - Mark Zuckerberg

¿Metaverso? Parece el título de una película de Marvel. Pero en este metaverso no hay magia, sino simplemente una realidad aumentada, o RA. La realidad aumentada es una forma de utilizar cámaras especiales y otra tecnología avanzada para alterar digitalmente su visión del mundo real. Por ejemplo, si ve una calle a través de su teléfono inteligente o de su televisor utilizando la tecnología de RA, podría ver a la gente superpuesta con su personaje en línea o con información sobre las tiendas que está mirando.

Este capítulo no pretende alejarle o confundirle, sino ofrecerle una introducción sencilla y completa a la RA. Al final, entenderá cómo funciona la RA y cómo puede mejorar el metaverso. Antes de aprender más sobre la realidad aumentada, empecemos por lo básico.

¿Qué es la realidad aumentada?

La RA es una capa mejorada de la realidad creada mediante la combinación de los mundos digital y real. El objetivo de la RA es añadir objetos relevantes y significativos a nuestra realidad, haciéndola más informativa e interactiva. Este tipo de tecnología no solo es útil para los juegos, sino que también puede aplicarse a la educación, la medicina, la ciencia, la arquitectura y muchos otros aspectos importantes de nuestras vidas. La RA existe desde hace décadas, pero al principio no era más que un simple conjunto de herramientas. El ejemplo clásico es la flecha amarilla que se dibujaba sobre las señales de tráfico para ayudar a encontrar el camino.

Mark Zuckerberg, CEO de Facebook, ha creado otro término para describir la RA: el Poke. Es cuando envía algo que ve a través de una aplicación a uno de sus amigos, quien puede verlo durante unos segundos. Ellos también pueden "pokear" de vuelta, por lo que podría ser que usted reciba el mismo poke varias veces. Si recibe un poke, verá el avatar de su amigo superpuesto en la calle frente a usted. Así, por ejemplo, si le dejan un comentario, lo verá como si estuviera delante de usted.

En 2012, Facebook adquirió Oculus VR, una empresa que creó una pantalla de realidad virtual para la cabeza llamada Oculus

Quest. Facebook quiere formar parte tanto del mundo real como del virtual. A través de la plataforma de realidad virtual Oculus, puede sumergirse en un entorno tridimensional que parece real. Esta tecnología puede utilizarse para crear programas educativos, experiencias vacacionales inmersivas e incluso terapia física, todo lo cual podría tener lugar en la realidad virtual.

La realidad aumentada (RA) es el término utilizado para describir una tecnología que superpone imágenes generadas por un ordenador a vistas del mundo real, que pueden verse con o sin la ayuda de gafas especiales o dispositivos móviles. Esta tecnología existe desde hace décadas, pero acaba de empezar a ganar popularidad. La idea que subyace a esta tecnología es mejorar lo que vemos y oímos superponiendo imágenes generadas por ordenador a nuestra visión actual. El uso más común de esta tecnología se ve en los teléfonos inteligentes y las tabletas. Aplicaciones como Yelp, Google Street View y muchas otras nos permiten ver el mundo de forma aumentada.

La historia de la realidad aumentada

Una de las primeras tecnologías de RA se remonta a 1961, cuando Ivan Sutherland creó una unidad de visualización integrada en la cabeza para uso militar. En 1968, Thomas Caudell desarrolló el primer sistema de RA que permitía a los médicos ver rayos X a través de una pantalla instalada en la cabeza. Sin embargo, no fue hasta 1989, cuando Jaron Lanier fundó la empresa de investigación VPL, cuando comenzó el interés comercial por esta tecnología. En 1991, VPL creó un "traje de datos", diseñado con un guante de datos y pantallas instaladas en la cabeza que permitía a los usuarios manipular objetos virtuales con las manos. Esto acabó abriendo el camino para el desarrollo por parte de Microsoft del periférico para juegos Kinect en 2007, que permitía a los jugadores controlar el juego sin tener que sujetar ningún dispositivo físico, sino utilizando los movimientos del cuerpo y los comandos de voz.

Google creó las Google Glass en 2012 para ayudar a la gente a ver el mundo sin necesidad de sostener un dispositivo. También se podía utilizar para hacer fotos, grabar vídeos, enviar mensajes y obtener direcciones con solo usar la voz. La empresa emergente de Google, Magic Leap, produjo en 2014 lo que denomina gafas de "realidad mixta". Estas gafas tienen sensores que permiten ver e interactuar con elementos del mundo real. Se espera que esta tecnología se utilice más para fines industriales que para juegos y entretenimiento, pero aún está en sus primeras etapas.

Actualmente, la tecnología de realidad aumentada más popular es el Proyecto Tango de Google, con el que se pueden trazar espacios tridimensionales con el teléfono inteligente. Fue desarrollado por la división de Tecnología y Proyectos Avanzados de Google, el mismo equipo que creó el primer teléfono modular, Proyecto Ara. Tango utiliza una combinación de sensores, cámaras y láseres para seguir el movimiento tridimensional completo de su dispositivo. Con él, usted puede recorrer nuevos espacios, jugar y hacer cosas interesantes con su dispositivo.

Sin embargo, Proyecto Tango no es solo para el entretenimiento. También puede utilizarse como herramienta para ayudar a los discapacitados visuales. Google se ha asociado con la Fundación Americana para Ciegos para demostrar cómo Proyecto Tango puede utilizarse para ayudar a los discapacitados visuales a navegar por el mundo que les rodea. Utiliza un software especialmente creado que escanea e identifica los objetos cercanos, permitiendo a los usuarios navegar por nuevos espacios sin ninguna ayuda.

Manos a la obra con la realidad aumentada

La realidad aumentada está avanzando en el campo de la medicina, sobre todo en las simulaciones quirúrgicas. La Universidad Case Western Reserve utiliza una tableta móvil de RA para ayudar a los cirujanos, que normalmente necesitarían modelos físicos, a realizar cirugías virtuales en seres humanos en lugar de cadáveres. Los estudiantes pueden ver o realizar la cirugía utilizando esta tecnología, lo que les ayuda a tener una idea de lo que podrían experimentar después de graduarse. Podría decirse que esto crea un mejor camino para los cirujanos, que pueden tener un modelo físico en sus manos y ver cómo sería operar a un paciente real.

El sector de los videojuegos también está adoptando la realidad aumentada con los brazos abiertos, utilizándola para crear algunas experiencias de juego realmente únicas. En 2015, Pokémon Go, que utiliza la realidad aumentada para permitir a los jugadores encontrar y capturar pokémones en el mundo real, se convirtió en uno de los mayores juegos del mercado. El juego desafía a los jugadores a salir al exterior, explorar su entorno y jugar con sus amigos. Se espera que este juego marque la pauta para otros juegos de realidad aumentada en el futuro, provocando un gran cambio en la industria del juego.

En el ámbito de la educación, la tecnología de la realidad aumentada se está utilizando para mejorar los resultados del aprendizaje. En 2010, una profesora del Reino Unido empezó a utilizar la RA para enseñar a sus alumnos los objetos tridimensionales. Comenzó colocando marcadores en todas las esquinas de un cubo, luego sacó su smartphone y utilizó el marcador de la pantalla como guía. Colocó el mismo cubo encima de los marcadores y luego utilizó la cámara de su dispositivo para ver el cubo a través de la pantalla. Pudo girar el objeto y estudiarlo con detalle, algo que habría sido casi imposible de hacer con un modelo de papel tradicional.

Los teléfonos inteligentes y las tabletas de realidad aumentada también se están utilizando para enseñar anatomía en las facultades de medicina. Estos programas de realidad aumentada no son solo formas divertidas de enseñar a los estudiantes: pueden ayudar a salvar vidas. Gracias a estas nuevas tecnologías, las facultades de medicina pueden estudiar el cerebro humano con mayor precisión y detalle y dar a los estudiantes la oportunidad de ver el aspecto de un órgano desde muchos ángulos diferentes sin hacer daño a nadie.

Pero la realidad aumentada no solo se utiliza para el entretenimiento y la educación. También está ayudando a mejorar la vida de los discapacitados visuales al utilizar los ordenadores para compensar lo que no pueden ver. Los investigadores están trabajando en el uso de gafas de realidad aumentada para ayudar a los ciegos a detectar su entorno y mejorar su vida cotidiana.

Una vez que se empieza a buscar, es difícil no ver los productos de realidad aumentada que aparecen por todas partes. Encienda su teléfono inteligente y abra su programa de mapas favorito. Este es un ejemplo perfecto de realidad aumentada en el espacio móvil. Mire la cámara de su teléfono inteligente y vea su entorno en la pantalla. Utilizando el GPS, este programa puede localizar su ubicación y mostrarle información sobre lo que le rodea.

Realidad aumentada frente a la realidad virtual

Aunque la realidad aumentada y la realidad virtual son dos grandes ejemplos de tecnología emergente, ambas no son lo mismo. La realidad aumentada es una superposición de un mundo virtual sobre un entorno real en el que los objetos que se ven interactúan entre sí en tiempo real. Por ejemplo, si se va de viaje por carretera, puede utilizar una aplicación de realidad aumentada para ver información sobre el coche que tiene al lado. Esto se logra con una sofisticada superposición que le permite a la app mostrarle información sobre algo (en este caso, un coche).

Por otro lado, la realidad virtual es un mundo virtual que existe en lugar del mundo real. Por ejemplo, podría tener un trabajo en la lejana Dubái sin tener que salir de casa. Este mundo virtual podría proporcionarle una segunda vida, o podría utilizarse para desarrollar programas de educación y formación sin necesidad de costosos equipos. La realidad virtual está empezando a formar parte de nuestra vida cotidiana. Los médicos ya la utilizan para ayudar en las cirugías; los ingenieros la usan para construir rascacielos y coches, y los desarrolladores de videojuegos la utilizan en un intento de desarrollar el próximo gran éxito.

El Oculus Rift, el HTC Vive y la PlayStation VR son solo algunos de los cascos de realidad virtual que existen actualmente en el mercado. Cada uno de ellos proporciona a los usuarios una experiencia inmersiva. Muchos creen que estas aplicaciones de realidad virtual representan una gran oportunidad para el futuro del entretenimiento y la educación, pero la realidad aumentada puede tomar la delantera en algunas áreas.

Las aplicaciones de realidad aumentada ya están disponibles en los teléfonos inteligentes, y están llegando también a los televisores. Todo, desde el monitor del ordenador hasta el televisor, puede convertirse en un dispositivo de realidad aumentada con el hardware adecuado. Dicho esto, los smartphones son el dispositivo de realidad aumentada más innovador del mercado en estos momentos. Todos vienen con cámaras incorporadas, lo que les permite superponer imágenes generadas por ordenador sobre el mundo real.

La realidad aumentada difiere de la realidad virtual en que es una versión mejorada de la realidad en lugar de un entorno completamente nuevo creado por un programa informático. La realidad virtual sustituye el entorno real del usuario por uno simulado; la realidad aumentada utiliza la tecnología para superponer elementos virtuales al entorno y la experiencia del usuario.

El término "aumentado" no es lo mismo que "virtual". Sin embargo, los dos términos se han utilizado indistintamente en el pasado, pero a menudo se emplean en contextos diferentes. El uso de "aumentado" como adjetivo se remonta al menos a 1978, y en el contexto de la realidad virtual, uno de los primeros usos del término en este sentido apareció en un libro de 1987 sobre gráficos por ordenador.

A diferencia de la realidad virtual, que está diseñada para anular los sentidos del usuario y su percepción del entorno, la realidad aumentada está diseñada para potenciar uno o varios de los sentidos mediante la combinación de información digital. La diferencia más importante entre ambas tecnologías es que la realidad virtual sustituye por completo la experiencia del usuario en un entorno real por una simulación, mientras que la realidad aumentada la amplía. Esto significa que la realidad virtual se utiliza sobre todo en las simulaciones de formación, mientras que la realidad aumentada se utiliza más a menudo en los teléfonos inteligentes y en el marketing.

La realidad aumentada es una forma de combinar el mundo digital con el mundo real. La tecnología de la realidad aumentada permite a los usuarios ver imágenes generadas por ordenador superpuestas al mundo real, lo que también se conoce como visualización en vivo. La realidad aumentada se utiliza habitualmente en los teléfonos inteligentes, pero también puede encontrarse en televisores y otros dispositivos. Los objetos virtuales no están pensados para sustituir el entorno del usuario, sino solo para superponerlo en la realidad aumentada. Por el contrario, la realidad virtual está diseñada para sustituir el entorno del usuario, mientras que la realidad aumentada está diseñada para mejorar uno o más sentidos, siendo la vista el sentido más comúnmente mejorado.

Tipos de realidad aumentada

Uno de los tipos de realidad aumentada es la visión por ordenador, que ofrece al usuario la posibilidad de ver imágenes del mundo real de una forma nueva. La visión por ordenador es un término amplio para los programas que ayudan a los ordenadores u otras máquinas a "ver" mejorando las imágenes para hacerlas más reconocibles para el usuario. Otro tipo de realidad aumentada es el seguimiento de marcadores, que utiliza una cámara para controlar un objeto del mundo real y luego lo rastrea. Esto permite colocar objetos virtuales en el mundo real y luego verlos a través de una cámara.

Hoy en día, la realidad aumentada se utiliza sobre todo en los teléfonos inteligentes. Los teléfonos inteligentes hacen que la realidad aumentada sea más accesible para las personas, al convertir los dispositivos móviles en máquinas de realidad aumentada. La realidad aumentada se utiliza en software para teléfonos inteligentes, como Layar Reality Browser, una aplicación de realidad aumentada para el sistema operativo Android. Permite a los usuarios encontrar información sobre su entorno superponiendo la información sobre las imágenes captadas por la cámara del teléfono.

El seguimiento de marcadores es una forma avanzada de realidad aumentada que utiliza una cámara digital para rastrear la ubicación de uno o varios objetos físicos. El objeto virtual se puede mostrar entonces al usuario, y aparecerá como si formara parte de la escena. Esto es diferente de la realidad aumentada, que superpone la información virtual a la imagen de una cámara en directo, ya que el seguimiento de los marcadores permite la interacción entre el objeto y su entorno.

Otro tipo de realidad aumentada es la imagen térmica, que permite ver el mundo como si se viera con visión infrarroja. Las imágenes térmicas recogen información basada en el calor en lugar de la luz, por lo que los objetos que aparecen se basan en la temperatura del objeto.

El poder actual de la realidad aumentada

La realidad aumentada es una tecnología que existe desde hace muchos años. Se introdujo por primera vez con la aplicación "Smokescreen" para teléfonos móviles en 1999, pero no fue hasta 2010 cuando la realidad aumentada empezó a cobrar impulso. En 2011, el término "realidad aumentada" se añadió al Diccionario de Inglés de Oxford. Ese año empezaron a aparecer aplicaciones para teléfonos inteligentes que utilizaban la realidad aumentada y se anunció el primer dispositivo de realidad aumentada para llevar puesto. 2011 fue también el año en que Apple presentó su ARKit para iPhones.

La aplicación de realidad aumentada más importante ahora mismo son las Google Glass, que se pusieron a disposición de los consumidores a principios de 2014. Algunos críticos afirman que el alto precio del producto es lo que impedirá que se convierta en una tendencia generalizada. Otra crítica al producto es que la información que proporcionan las Google Glass no es necesaria porque se puede utilizar simplemente un smartphone, que ya está en el bolsillo. Como empresa, Meta pretende hacer más accesible el uso de la realidad aumentada mediante un dispositivo portátil que puede utilizarse con cualquier aplicación de realidad aumentada. Se está diseñando para unir la realidad virtual y la realidad aumentada.

Hoy en día, la tecnología de realidad aumentada ha crecido de muchas maneras. Uno de los usos más comunes de la realidad aumentada es en las aplicaciones para teléfonos móviles, pero también puede utilizarse con dispositivos portátiles o como parte de la televisión interactiva. La realidad aumentada está todavía en las primeras fases de desarrollo, pero ha avanzado rápidamente. En el futuro, se espera que los dispositivos de realidad aumentada sean más capaces y asequibles, lo que supondrá un cambio significativo en la tecnología.

Mientras que empresas como Google, Apple e Intel están creando nuevos dispositivos que hacen que la RA sea más accesible para el público, Meta está creando un dispositivo para llevar puesto que puede utilizarse para mejorar la RA y la RV. Los auriculares de Meta permiten a los usuarios mover las manos por el espacio en 3D y realizar otras tareas interactivas similares a las del HTC Vive u otros auriculares de realidad virtual. Al fabricar un hardware que puede funcionar con aplicaciones de realidad aumentada, Meta pretende crear una plataforma que permita a los desarrolladores la libertad de crear nuevos tipos de aplicaciones, lo que llevará a ampliar las capacidades de los dispositivos de realidad aumentada.

Los dispositivos de realidad aumentada tienen muchas ventajas, pero también hay algunas preocupaciones. A algunas personas les preocupa que estas tecnologías puedan utilizarse para recopilar grandes cantidades de información personal. Otros creen que la realidad aumentada no es más que una moda pasajera y se preguntan si evolucionará o no hasta convertirse en una tecnología de uso generalizado. Por otro lado, la realidad aumentada tiene un gran número de defensores que creen que pronto se convertirá en una parte importante de la vida de las personas.

La realidad aumentada permite superponer información virtual a una cámara en vivo en tiempo real. Esto puede facilitar la identificación y localización de objetos en el entorno. Por ejemplo, las Google Glass pueden ser utilizadas por un médico que necesite ver el historial de sus pacientes o por un policía que necesite leer una matrícula. También podría utilizarse para juegos y entretenimiento, y con el tiempo podría integrarse en auriculares de realidad virtual. Los beneficios de la realidad aumentada también pueden ir más allá de sus aplicaciones. Por ejemplo, el juego de realidad aumentada "Pokémon Go" mejoró la salud física de los jugadores al animarlos a caminar para encontrar nuevas criaturas.

La realidad aumentada es una tecnología que permite superponer información virtual al entorno de una persona. La realidad aumentada está creciendo rápidamente en popularidad, pero todavía se está desarrollando. Dicho esto, el potencial de la realidad aumentada ha atraído la atención de grandes empresas que están invirtiendo mucho en tecnología. A medida que los dispositivos de realidad aumentada se vuelven más capaces y menos costosos, tienen el potencial de convertirse en algo más común, lo que podría conducir a un cambio significativo en la forma en que usamos la tecnología. A través de Meta, un ejemplo de empresa que trabaja actualmente para hacer más accesible la realidad aumentada, la RA puede desempeñar un gran papel en la vida de las personas.

Capítulo 4: ¿Qué es la web 3.0?

"Vemos el principio de las cosas. La web 2.0 es la banda ancha. La web 3.0 es 10 gigabits por segundo". - Reed Hastings

La web 3.0 es la tercera generación de la World Wide Web y a veces también se denomina web semántica. Si no está familiarizado con la web semántica, se trata de un conjunto de tecnologías que permiten a los ordenadores procesar los datos de forma más significativa que en la actualidad. Este avance tiene importantes implicaciones en la forma en que se utiliza internet y hacia dónde podría dirigirse. La web semántica lleva bastante tiempo en desarrollo. Hace tiempo que se predice como el futuro potencial de internet. Pero, ¿qué significa exactamente? ¿Y por qué es importante? Veamos qué es la web semántica y qué significaría para nosotros si se hiciera realidad.

¿Qué es la World Wide Web?

La World Wide Web es un servicio de internet que permite a los usuarios compartir información libremente a través de internet. Es accesible para casi todo el mundo y se ha convertido en una fuerza dominante en nuestra vida. La gente la utiliza para socializar, comprar, pagar facturas, consultar su saldo bancario, buscar información y muchas otras cosas.

Una serie de tecnologías en constante evolución impulsan la World Wide Web. La primera generación de la World Wide Web fue el aspecto social, que nos permitía comunicarnos entre nosotros compartiendo actualizaciones de estado y publicando imágenes o vídeos. La segunda generación de la World Wide Web nos trajo su funcionalidad, como el comercio electrónico y la posibilidad de ver vídeos en línea. La web 3.0 es una nueva funcionalidad que representa la próxima generación de internet.

¿Qué es la web 3.0?

La web 3.0 se denomina a veces web semántica. Es el resultado de añadir significado y contexto a nuestros datos. Para dar un ejemplo, veamos la siguiente frase:

"No puedo creer que me haya comido toda la bolsa de galletas".
Esta frase probablemente significa que la persona que habla se siente muy culpable o disgustada porque ha comido demasiadas galletas. Un programa informático no puede hacer esta conexión, por lo que no puede inferir que el hablante se siente culpable por haber comido demasiadas galletas. Sin embargo, si añadiéramos etiquetas como "comer culpable" y "galleta culpable", el programa informático podría inferir que lo que quiere decir es que no se siente muy bien por comer galletas.

Este es un ejemplo muy básico de cómo podría funcionar la web 3.0, pero no es difícil imaginar dónde podría aplicarse de forma más avanzada. Tiene el potencial de hacer que nuestras experiencias en línea sean mucho más personalizadas y eficientes, sobre todo cuando se trata de buscar información. Además, permitirá crear chatbots más inteligentes que entiendan lo que usted dice de forma más eficaz e interactúen con usted en consecuencia. Hay muchos ejemplos reales de esto en acción hoy en día.

¿Qué se puede hacer con la web 3.0?

La web 3.0 consiste en hacer un mejor uso de los datos que ya existen en internet. Permitirá mejorar los motores de búsqueda para que comprendan sus preferencias y clasifiquen los resultados en función de sus necesidades. Permitirá que los programas de correo electrónico y chat sean mejores y más personalizados (y, por tanto, eficientes) y que puedan hacer sugerencias, como por ejemplo qué le gustaría comprar o qué película le gustaría ver. Algunas aplicaciones en el horizonte permitirán que su casa ajuste automáticamente su temperatura, dependiendo de quién esté en ella. Esto ya se ha conseguido. Un programa de chat representa a la casa como un robot, lo que le permite aprender sobre su entorno y tomar decisiones automatizadas.

La web 3.0 podría incluso dar lugar a un programa capaz de vigilar su salud y detectar posibles problemas antes de que usted sea consciente de ellos. Esto podría conducir a la detección temprana de enfermedades y, por tanto, a mejores opciones de tratamiento. Además, podría permitir una reducción masiva del número de citas con el médico. Por ejemplo, un programa podría analizar todos sus datos y sugerir cambios en el estilo de vida o la dieta.

Desde un punto de vista más técnico, la web 3.0 permitirá a los desarrolladores web crear sitios más inteligentes y eficientes que no causen tantos problemas a las personas con discapacidad. Por ejemplo, un sitio web podría detectar automáticamente que usted tiene problemas para ver la pantalla y ofrecerle opciones para ampliar el texto o incluso leérselo en voz alta mediante el programa de conversión de texto a voz de su ordenador.

La web 3.0 podría incluso conducir a la creación de entornos de formación de realidad virtual completos, que permitirían programas de simulación más eficaces. Por ejemplo, podría utilizarse para formar a empleados que deben enfrentarse con frecuencia a situaciones inesperadas. También podría utilizarse para enseñar a los niños a conocer el mundo sin exponerlos a ningún peligro. Por supuesto, esto podría tener algunos efectos secundarios negativos, como enseñar a los niños que el mundo es un lugar peligroso y disuadirlos de salir.

Al final, la Web 3.0 tiene el potencial de mejorar casi todo en internet. Dicho esto, abre un montón de nuevas posibilidades que habrían sido difíciles de imaginar hace una década. Es un concepto de futuro y merece la pena que cualquiera que esté considerando una carrera en el desarrollo de la web o la informática lo estudie.

¿Por qué es tan importante la web semántica?

La web semántica es la web que entiende lo que quiere decir. Se basa en el contexto, no en el contenido, y es capaz de entender todas las formas en que se puede decir algo. La web semántica es increíblemente importante porque promete hacer la web más inteligente y capaz de entender lo que queremos y necesitamos. Esto va mucho más allá de lo que tenemos actualmente.

La web semántica es mucho más que un cambio en la forma en que se interactúa con la web; tiene el potencial de cambiar todo lo relacionado con la forma en que concebimos internet sin que nos demos cuenta. Dicho esto, sigue dependiendo de que haya ordenadores que puedan entender lo que se dice. Por eso, no es algo que vaya a suceder de la noche a la mañana, y la infraestructura necesaria para soportarla no existe todavía.

Puede que la web semántica no tenga el potencial de cambiar drásticamente nuestras vidas en los próximos cinco años, pero tiene todo tipo de aplicaciones que revolucionarán pronto nuestra forma de interactuar con la tecnología. La web semántica está a punto de despegar con grandes motores de búsqueda como Google, que están dando pasos mucho más grandes hacia la búsqueda semántica, y con sitios web de redes sociales como Facebook, que están haciendo grandes cambios en su sistema. Los efectos de la web semántica estarán en todas partes, pero serán lo suficientemente sutiles como para pasar desapercibidos para la mayoría de la gente.

La web semántica es un internet que entiende lo que busca el usuario en lugar de encontrar cualquier cosa que contenga las palabras que ha tecleado. Se trata de motores de búsqueda inteligentes que encuentran información relevante para usted, pero no devuelven los mismos resultados cada vez que usted busca. Se trata de que el contenido sea relevante para lo que usted busca porque entiende el significado de su petición. Se trata de que internet entienda lo que quiere decir cuando escribe algo.

¿Cómo puede el metaverso ayudar a la web 3.0?

El metaverso es una web descentralizada en la que los creadores de contenidos tienen pleno control sobre sus creaciones. No hay terceros a los que temer ni intermediarios a los que pagar. Puede estar seguro de que sus datos estarán a salvo y solo podrán acceder a ellos las personas que deben hacerlo. El metaverso es la tecnología blockchain que permitirá por fin que las aplicaciones descentralizadas sean una realidad. Esto significa que puede tener una aplicación como Twitter que no está dirigida por una corporación y en la que la comunidad tiene pleno control sobre lo que se publica.

El futuro se presenta brillante para internet. La web semántica podría conducir a una edad de oro de la innovación en la que la gente pueda compartir información libremente. Dicho esto, todavía se necesitará algún tiempo para desarrollar la tecnología que hará posible la web semántica. La tecnología del metaverso y del blockchain podrán hacer que la web semántica sea una realidad mucho antes.

El metaverso es uno de los varios proyectos que construyen herramientas para ayudarle a entrar en la próxima generación de internet. Esto incluye desde herramientas de big data hasta la tecnología blockchain que puede alimentar los sitios web sin ningún riesgo de censura o fraude. El metaverso está creando la infraestructura que permitirá al blockchain alimentar aplicaciones y sitios web descentralizados, haciendo posible la web 3.0. Actualmente, el metaverso está desarrollando la tecnología que hará posible la web semántica. Ha construido una blockchain que utiliza la IA para aprender y comprender sus datos en lugar de limitarse a dar una simple respuesta.

La blockchain del metaverso se llama "Pweb". Tiene todo tipo de características que le permitirán aprovechar sus datos como si fuera su propia IA personal. Puede entrenarla para que haga lo que quiera, y entenderá exactamente lo que quiere decir porque puede ver patrones y aprender. Una vez que sus datos estén en la blockchain, podrá utilizarlos como si se tratara de una IA entrenada, y todo será completamente seguro.

La blockchain del metaverso almacena todos sus datos de forma privada y segura. Es segura porque tiene control total sobre quién accede a sus datos y cómo se pueden utilizar. En lugar de estar cautivo de una corporación, tendrá la libertad de usar su información como quiera.

La tecnología que está construyendo el metaverso es realmente revolucionaria, y es algo que cambiará el mundo tal y como lo conocemos. Hará posible la web 3.0, la web semántica que nos permite hacer preguntas y obtener resultados adecuados sin tener que hacer una pregunta específica. El blockchain es una poderosa herramienta que permitirá descentralizar todo el internet y eliminar a todos los terceros de la ecuación.

¿Por qué es importante?

La web semántica es un gran negocio y una de las características más importantes de la web 3.0, pero aún no está lista para la corriente principal. El metaverso y otros proyectos de blockchain están haciendo posible que la web 3.0 y la web semántica se hagan realidad mucho antes de lo que cabría esperar. La tecnología blockchain elimina todos los problemas causados por terceros y servidores centralizados. También nos permite compartir información sin tener que preocuparnos por la censura o el fraude. Los sitios web construidos sobre blockchain no están gestionados por ninguna empresa, y nunca pueden ser cerrados.

La web 3.0 va a transformar internet de muchas maneras. Nos devolverá el control sobre nuestra información, y no tendremos que depender de terceros que existen porque sí. Las blockchains nos permitirán descentralizar internet y crear un mundo mejor en el que podamos compartir libremente la información sin ningún problema.

El metaverso es uno de los varios proyectos de blockchain que están trabajando duro para hacer de este futuro una realidad. Cuenta con una tecnología realmente emocionante que nos ayudará a hacer realidad el potencial de la tecnología blockchain. La red P2P del metaverso es increíblemente escalable, lo que permite manejar cualquier cantidad de tráfico que se pueda imaginar. Es capaz de gestionar cantidades masivas de datos compartibles y seguros.

Las características de IoT (internet de las cosas) que ofrece el metaverso le proporcionan un control total sobre sus datos y le permiten decidir quién tiene acceso a ellos. En lugar de estar limitado por un tercero, usted puede elegir cómo se utilizan sus datos. La web semántica será totalmente posible una vez que la web 3.0 esté en marcha, lo que significa que obtendrá todo tipo de beneficios como la minería de datos y cosas como el aprendizaje automático.

El metaverso tiene el potencial de hacer realidad la revolución del blockchain y cambiar la forma en que usamos internet. Es uno de los proyectos más emocionantes de la tecnología blockchain, y es algo que hay que tener en cuenta. La web 3.0 está casi lista para nosotros, pero se necesita un blockchain que pueda soportar la carga. El metaverso ha sido diseñado desde el principio para permitir la web 3.0, y es uno de los únicos blockchains que existen con todas las características necesarias.

El futuro

Se necesitará mucho trabajo para que la web 3.0 se convierta en una realidad, pero ya se han dado grandes pasos. El metaverso y otros proyectos similares están haciendo posible la existencia de la web 3.0 y la web semántica, pero aún queda mucho camino por recorrer. La tecnología blockchain es el futuro de internet, y es algo por lo que merece la pena entusiasmarse. Permitirá descentralizar toda la World Wide Web y ponerla en manos de todos.

Internet puede ser un lugar bastante loco, y no siempre se consigue la privacidad y la libertad que se merece. La web 3.0 permitirá recuperar el control de internet y convertirla en un espacio libre para comunicarse sin restricciones. La extracción de datos se revolucionará y descentralizará, dándonos todo el poder. La tecnología blockchain cambiará la vida de innumerables maneras, y ya está haciendo posible que se transforme la sociedad en algo mejor.

El futuro será un viaje salvaje, y la web 3.0 ayudará a que lleguemos allí más rápido. Es el siguiente paso en la evolución de internet, y va a cambiarlo todo. Manténgase al día con la tecnología blockchain y siga de cerca el metaverso porque va a ver cosas realmente emocionantes una vez que se ponga en marcha. El metaverso está desarrollando actualmente una tecnología enormemente innovadora que hará posible la construcción de aplicaciones y sitios web descentralizados con el blockchain.

El futuro está aquí, y la web 3.0 está cambiando la forma en que interactuamos con internet. El metaverso está haciendo posible la descentralización del internet, que es solo una de las cosas que harán de la web 3.0 una realidad. La tecnología blockchain será una parte enorme del futuro, y ya está haciendo que las cosas sucedan. La web 3.0 está a punto de llegar, y puede formar parte de ella. Siga la tecnología blockchain y el metaverso para estar al tanto de los desarrollos futuros.

La tecnología blockchain está en boca de todos y tiene un futuro brillante. El metaverso será una de las primeras blockchains que formará parte de la web 3.0, pero va a pasar algún tiempo antes de que se materialice su potencial. Queda mucho trabajo por hacer antes de que se pueda descentralizar por completo el internet, pero sucederá, y la tecnología blockchain desempeñará un papel enorme para que esto suceda.

La tecnología blockchain ya está haciendo posible las cosas, y hará que la web 3.0 sea una realidad. Algunas de las tecnologías más importantes que se necesitarán para hacer realidad la web 3.0 y la web semántica ya existen, y todas ellas se basan en la tecnología blockchain. Las criptomonedas ya están empezando a cambiar el mundo, pero son solo el principio de lo que la tecnología blockchain tiene reservado para nosotros.

En resumen, la web 3.0 es el futuro, y el metaverso está haciendo posible la descentralización de internet. Cuantos más proyectos se lancen sobre la tecnología blockchain, más rápido se podrá hacer realidad la web 3.0. Algunas de las tecnologías más importantes que harán realidad la web 3.0 ya existen, y se basan en la tecnología blockchain. Blockchain va a ser una parte clave de la web 3.0, y es algo que cambiará el mundo para mejor.

La web 3.0 no es algo que veremos mañana, y aún no está completamente desarrollada. Hemos hecho muchos avances en los últimos años, pero aún queda mucho trabajo por hacer. Es importante estar al día sobre la tecnología blockchain y el metaverso, pero también hay que recordar que todavía está en sus primeras etapas. El metaverso está desarrollando algunas de las tecnologías más importantes que harán posible la construcción de la web 3.0 y la descentralización de todo internet, pero pasará tiempo antes de que veamos resultados concretos. El metaverso es uno de los proyectos de blockchain más importantes, y tiene un número casi infinito de aplicaciones.

Capítulo 5: Las criptomonedas y el metaverso

"Hoy, creo que observamos el internet. Pero en el futuro, estará en las experiencias". - Mark Zuckerberg

Las criptodivisas son monedas digitales que no tienen presencia física. Existen en forma de entradas en el blockchain, se trata de un libro de contabilidad distribuido que registra cada transacción realizada con estas monedas digitales. La criptodivisa es una moneda digital descentralizada que funciona sin ningún banco central ni administrador único. Las transacciones se realizan a través de intercambios entre pares sin intermediario. No está respaldada por ningún gobierno o activo físico, sino por la tecnología y la confianza. La criptomoneda se considera la siguiente gran revolución tecnológica tras la creación de internet. Además de estar descentralizadas, las criptodivisas también son anónimas y muy difíciles de falsificar.

El metaverso es un espacio virtual compartido colectivo creado por la convergencia de realidades físicas virtualmente mejoradas y espacios virtuales persistentes, formado por el uso de tecnologías que pueden apoyar la evolución de un mundo virtual basado en el consenso que es compartido, personal e interactivo. El metaverso puede compararse con una realidad simulada por ordenador. Este capítulo pretende explicar la relación de las criptomonedas con el metaverso y discutir 10 de los mejores tokens de criptomonedas en los que se puede invertir. Al final de este capítulo, el lector debería entender cómo las criptodivisas están relacionadas con el metaverso y por qué se cree que son el futuro.

¿Qué son las criptomonedas?

Las criptomonedas están de moda desde su creación en 2009. La primera criptodivisa descentralizada fue Bitcoin. Desde su creación, se han creado muchas criptodivisas diferentes utilizando tecnología blockchain similar a la de Bitcoin. La criptodivisa es una moneda digital descentralizada que funciona sin ningún banco central o administrador único. Las transacciones se realizan a través de intercambios entre pares sin intermediario. No está respaldada por ningún gobierno ni activo físico, sino por la tecnología y la confianza.

El término "cripto tokens" se refiere a miles de monedas que circulan por la red Ethereum. Cada moneda es única, y actualmente hay más de 2000 cripto tokens. El token de criptomonedas más popular es el Ether (ETH), que es nativo de la blockchain de Ethereum y puede ser intercambiado por otras criptomonedas como Bitcoin (BTC) y Litecoin (LTC). Aunque estos tokens funcionan en la red Ethereum, no todos son tokens ERC-20. Hay diferentes tipos de criptodivisas que se utilizan de diferentes maneras.

La relación entre las criptodivisas y el metaverso

El blockchain es una tecnología de libro mayor distribuido que soporta las criptodivisas. Este sistema descentralizado elimina la necesidad de que un tercero o una autoridad central medie o valide las transacciones. El blockchain permite que cada nodo de la red tenga una copia de todas las transacciones compartidas y aseguradas mediante el uso de criptografía. La naturaleza descentralizada de la tecnología blockchain hace que sea casi imposible de hackear y manipular.

El metaverso es un espacio virtual compartido colectivo creado por la convergencia de realidades físicas virtualmente mejoradas y espacios virtuales persistentes. Está formado por el uso de tecnologías que pueden apoyar la evolución de un mundo virtual basado en el consenso que es compartido, personal e interactivo. El metaverso puede compararse con una realidad simulada por ordenador. A medida que la tecnología blockchain y las criptomonedas sigan creciendo, veremos la convergencia del metaverso y el blockchain. Esto se debe a que las criptomonedas son necesarias para las interacciones generales en los mundos virtuales, como la compra de bienes inmuebles o el comercio de artículos.

Dado que las criptomonedas se pueden comerciar o intercambiar por otros tokens de criptomonedas, son necesarias para realizar cualquier acción en el metaverso. El metaverso es un espacio en el que las personas pueden interactuar entre sí y crear, compartir o intercambiar objetos virtuales. Para que esto ocurra, se necesitan criptomonedas para alimentar el blockchain y permitir a los usuarios comprar terrenos, artículos y servicios.

¿Qué son los tokens en el metaverso?

El metaverso es una blockchain pública de código abierto con su propia criptomoneda llamada ETP (tokens identificables del metaverso). Permite a las personas crear identidades digitales descentralizadas y almacenarlas en el blockchain. La criptomoneda ETP es una moneda intermediaria para el comercio de artículos y servicios en la plataforma del metaverso. También permite a los usuarios crear activos como terrenos y tokens a través de contratos inteligentes, al igual que hace Ethereum con sus tokens ERC-20.

La mejor manera de invertir en criptomonedas es invirtiendo en su token nativo, ya que permite a los usuarios utilizarlas en diversas interacciones. El metaverso es un gran proyecto de blockchain de realidad virtual que proporciona la infraestructura básica para desarrollar aplicaciones y servicios sobre él, con identidades en forma de avatares, distribución de contenidos y plataformas sociales.

Se ha dicho que los inversores deberían dejar de ver las criptodivisas como una oportunidad de inversión, sino más bien como una utilidad o tecnología. Este es el caso de la ETP. Tiene un suministro fijo de 100 millones de tokens, que pueden utilizarse para crear activos digitales o realizar otras transacciones en la plataforma del metaverso.

Las mejores criptodivisas del metaverso en las que invertir

Aunque hay miles de cripto tokens, no todos pueden ser utilizados en el metaverso. Si quiere invertir en el metaverso, necesita saber qué es lo que hace que una criptodivisa sea valiosa y aplicable para su uso dentro de los mundos virtuales. Hay que tener en cuenta varios factores a la hora de elegir criptodivisas para el metaverso: lo rápidas y escalables que son, las características de seguridad y privacidad, y si son fáciles de obtener. Estas son las principales criptodivisas en las que invertir para su uso dentro de los mundos virtuales:

1. Decentraland (Mana)

Decentraland es una plataforma de realidad virtual impulsada por el blockchain de Ethereum. Los usuarios pueden crear, experimentar y monetizar contenidos y aplicaciones. El token de Decentraland, Mana, puede utilizarse para comprar terrenos virtuales y otros bienes digitales dentro del metaverso. También utiliza un algoritmo de prueba de trabajo y es compatible con ERC-20. El token de Decentraland se negocia en bolsas como Binance, Liqui y otros mercados de comercio de monedas virtuales. Con una capitalización de mercado de más de 4.400 millones de dólares, Mana es una de las criptodivisas más valiosas para su uso en espacios virtuales.

En Decentraland, los usuarios utilizan tokens de Mana para comprar TIERRA, bienes inmuebles digitales dentro del metaverso. El estándar de tokens ERC-721 se utiliza en la blockchain de Decentraland para gestionar cada parcela por separado. En 2021, cuando Mark Zuckerberg anunció el metaverso de Facebook, Decentraland recaudó 24 millones de dólares en una ICO (oferta inicial de monedas), seguida de un gran bombeo en el precio. Desde entonces, el precio se ha desplomado, pero se ha mantenido relativamente estable.

2. Sandbox (SAND)

Sandbox es una plataforma de juegos descentralizada que utiliza el blockchain de Ethereum para alojar juegos y activos creados por los usuarios. Sandbox ofrece la integración de carteras de criptomonedas para almacenar activos virtuales y criptomonedas. La plataforma de juegos permite comprar, vender e intercambiar artículos como skins personalizados y objetos que pueden utilizarse en juegos como Fortnite o Counter-Strike: Global Offensive.

El token SAND de Sandbox es la única forma de acceder a cualquiera de las funciones de la plataforma, lo que lo hace valioso dentro del metaverso. Sandbox aún está en fase de desarrollo, pero se puede acceder a los juegos y objetos creados por otros usuarios a través de su página web tras inscribirse en la beta temprana. El token de Sandbox, SAND, es una criptomoneda compatible con ERC-20 que puede utilizarse en la plataforma para comprar activos y objetos virtuales. Tiene una capitalización de mercado de casi 6.000 millones de dólares. Desde su lanzamiento en diciembre de 2018, el precio de los tokens SAND se ha mantenido estable en torno a los 0,50 dólares, con un volumen de transacciones insignificante.

3. Enjin (ENJ)

Enjin ofrece un conjunto de herramientas de software que ayudan a los desarrolladores de juegos a adoptar la tecnología blockchain. Enjin permite a los usuarios crear artículos de juego únicos, verificables y negociables en la blockchain. La moneda Enjin (ENJ) se utiliza como método de pago para todos los servicios, incluidas las compras de juegos, los sistemas de propinas, la creación de activos de juego y los intercambios. Enjin cuenta con más de 20 millones de usuarios que pueden utilizar el token Enjin (ENJ) para comerciar con artículos de juego virtuales en plataformas como Minecraft, Brawlhalla y otros juegos. Asociado con Samsung en su teléfono inteligente para juegos Galaxy S10, la criptomoneda de Enjin también es aceptada por ciertos minoristas como pago en puntos de venta importantes como GameStop para juegos e incluso consolas.

En el momento de escribir este artículo, Enjin tiene una capitalización de mercado de más de 1.400 millones de dólares, y su token cotiza a 0,02 dólares. El precio de ENJ ha aumentado casi 10 veces desde diciembre de 2018 debido al lanzamiento de su asociación con Samsung y la integración de Enjin Wallet en iOS. Enjin recompensa a los jugadores con tokens por completar tareas como enviar vídeos o escribir artículos. También tienen un mercado para la preventa de activos virtuales antes de que estén disponibles para el público en general. Enjin se lanzó en 2009 y es uno de los primeros líderes en el espacio de la criptomoneda del metaverso. Su popularidad se muestra en el hecho de que más de 20.000 comunidades de juegos lo utilizan actualmente.

4. Axie Infinity

Axie Infinity es un juego de cría y colección de mascotas basado en blockchain que utiliza un avatar axie como representación virtual de cada criatura. Los jugadores pueden comprar, vender, intercambiar y luchar contra sus axies al igual que los pokémon. Axie Infinity cuenta con más de 60.000 usuarios activos diarios que juegan con el token Axie Infinity (AXI). Los jugadores también pueden comprar huevos de axies a través del mercado de cría. Los axies son tokens ERC-721 que pueden ser transferidos a otros jugadores o utilizados en futuros juegos, dependiendo de la estrategia del desarrollador. La plataforma Axie Infinity, aunque todavía está en desarrollo, ya ha acumulado miles de dólares en volumen de transacciones.

Axie tiene una capitalización de mercado de más de 6.000 millones de dólares, y cada token cotiza a unos 0,10 dólares. El precio de los tokens AXI ha aumentado más de 100 veces desde su lanzamiento en noviembre de 2018, lo que la convierte en una de las criptodivisas con mejor rendimiento en 2019. El éxito de Axie se debe en gran medida a su reciente asociación con Decentraland, que ha permitido a los jugadores de la plataforma coleccionar axies y luchar contra ellos en épicas batallas de liga. El equipo de desarrolladores de Axie también está trabajando en una aplicación para iOS y Android que permite a los jugadores coleccionar, incubar, entrenar, luchar y vender sus axies. El token de Axie (AXT) se utiliza para comprar nuevos axies, mientras que el marcador de Axie Infinity (AXIS) se utiliza para comprar objetos únicos en el juego. El precio del token AXT de Axie Infinity ha fluctuado entre 0,006 $ y 0,012 $ desde el comienzo de 2018, mientras que su token AXIS se mantiene estable con un volumen de transacciones insignificante.

5. CryptoKitties

CryptoKitties es uno de los primeros juegos en línea que utiliza la tecnología blockchain, que consiste principalmente en la cría y recolección de gatos virtuales. La plataforma CryptoKitties permite a los jugadores adoptar, criar y comerciar con gatos virtuales utilizando contratos inteligentes de Ethereum. Los jugadores pueden comprar gatitos únicos, criarlos para crear nuevos gatitos con atributos únicos y subastarlos a otros jugadores. Los gatitos son tokens ERC-721 que pueden ser comercializados en plataformas de terceros como OpenSea. A partir de enero de 2019, la blockchain de CryptoKitties admite un nuevo estándar de tokens ERC-721 llamado NFT (tokens no fungibles), que permite que cada gatito tenga sus propios atributos únicos. CryptoKitties se ha convertido en uno de los juegos basados en blockchain más populares, con más de 1,5 millones de usuarios, 250k ETH (175 millones de dólares) en transacciones, y millones de dólares gastados en gatitos que ahora valen miles de dólares.

CryptoKitties tiene una capitalización de mercado de casi 300k dólares, y cada token se negocia a alrededor de 4 dólares. El precio de cada CryptoKitty comenzó en diciembre de 2017 a alrededor de 5 dólares. Hoy en día, algunos de los gatitos más raros valen miles de dólares, lo que los convierte en algunas de las criptodivisas más exitosas hasta ahora. Aunque la gente ha gastado millones en CryptoKitties, no se están utilizando para mucho más que la cría, el comercio y la especulación. El equipo de

CryptoKitties, aunque es relativamente pequeño (9 personas), está trabajando en una nueva característica llamada KittyBattles que permitirá a los jugadores comerciar y luchar contra sus gatitos.

6. High Street (HIGH)

High Street es una plataforma de realidad virtual que permite a los usuarios chatear, jugar a videojuegos, comprar productos, asistir a eventos e interactuar con otros usuarios en la realidad virtual. High Street utiliza la plataforma Enjin Coin, lo que permite a otros desarrolladores de juegos crear sus mundos de realidad virtual compatibles con la versión de High Street de la red social. High Street tiene una capitalización de mercado de más de 59 millones de dólares, y cada token se cotiza en torno a los 5 dólares. El precio de los tokens HIGH ha subido desde menos de 1 céntimo desde su lanzamiento en septiembre de 2018 hasta alrededor de 4,50 dólares, lo que la convierte en una de las criptodivisas con mejor rendimiento en 2019.

High Street es similar a Decentraland. Proporciona una imagen virtual y 3D del mundo real y tiene mercados para que los desarrolladores de juegos compren activos de juegos como modelos 3D, texturas, música y efectos de sonido. La principal innovación de High Street es la posibilidad de realizar pagos en criptomonedas con Enjin Tokens (ENJ) dentro de la plataforma de High Street. High Street puede considerarse como un mercado dentro del juego donde los avatares de los jugadores pueden comprar activos digitales con criptodivisas.

7. Fantom

Fantom es una plataforma de blockchain que permite a los desarrolladores crear sus DApps y contratos inteligentes. Fantom utiliza un nuevo protocolo de consenso llamado Lachesis, un consenso bizantino tolerante a fallos que puede soportar hasta 300 transacciones por segundo. El equipo de Fantom afirma que el protocolo Lachesis puede procesar 1 millón de transacciones por segundo, lo que lo convertiría en uno de los blockchains más rápidos del mundo. El objetivo principal de Fantom es proporcionar una blockchain con una escalabilidad y una velocidad significativas a nivel empresarial para que las empresas puedan desarrollar aplicaciones de blockchain sobre la blockchain de Fantom.

Fantom tiene una capitalización de mercado de más de 6.000 millones de dólares, y cada ficha cotiza a unos 2,36 dólares. Fantom es una de las criptomonedas con mejor rendimiento de 2021, con cada token ganando casi un 150% en poco más de un mes. Fantom parece dispuesto a superar a EOS con su nuevo protocolo de consenso y sus velocidades de transacción. Si Fantom gana un número significativo de DApps y contratos inteligentes, el precio de los tokens FANT podría seguir aumentando exponencialmente a medida que más inversores comiencen a prestar atención al proyecto.

8. GalaCloud

GalaCloud es una red de infraestructura en la nube que permite a cualquiera compartir su espacio de almacenamiento informático ocioso a cambio de tokens de Gala. Dado que cada vez más empresas adoptan tecnologías en la nube, muchas personas tienen espacio libre en sus discos duros, que podrían utilizar para alojar archivos. GalaCloud también cuenta con una red descentralizada de mineros, por lo que no hay ningún servidor central ni autoridad que censure o elimine los datos almacenados. Los usuarios también pueden utilizar tokens de Gala para comprar más espacio de almacenamiento a otros usuarios. Cuantos más tokens tengan los usuarios, más datos podrán alojar en sus dispositivos.

La capitalización de mercado de GalaCloud es actualmente de unos 15.000 millones de dólares, y cada ficha se cotiza a unos 0,17 dólares. Aunque el precio de los tokens GALA ha aumentado considerablemente en los últimos meses, todavía no ha superado su máximo histórico de 0,8 dólares. Debido a la naturaleza descentralizada de la plataforma GalaCloud, es difícil predecir cuánto puede valer GALA. Es probable que haya pocas oportunidades de comprar GALA en los intercambios porque el precio es probablemente demasiado alto. La única manera de que los primeros usuarios puedan beneficiarse de esta plataforma es si pueden llegar a acuerdos con otros usuarios de GalaCloud para que ambas partes puedan vender espacio de almacenamiento a precios razonables.

9. Alchemy Coin

Alchemy Coin es una plataforma de crowdfunding descentralizada que permite a las personas recaudar dinero sin la interferencia de terceros. Alchemy utiliza la tecnología blockchain para garantizar la seguridad y la transparencia. Alchemy Coin es la primera plataforma blockchain que soporta la integración con ICO y las ofertas de tokens de seguridad (STO).

La capitalización de mercado de Alchemy Coin es actualmente de unos 33,5 millones de dólares, y cada token se cotiza a unos 0,30 dólares, lo que le da una valoración total de más de 100 millones de dólares. Alchemy Coin ha ganado casi un 400% de valor desde principios de 2018, pero sigue estando significativamente por debajo de su máximo histórico de 2,99 dólares. El enfoque principal de Alchemy Coin es proporcionar un método innovador de crowdfunding que garantice la seguridad y la transparencia para los inversores. En lugar de organizar un evento de crowdfunding en las redes sociales o en plataformas de crowdfunding, Alchemy Coin ofrece herramientas de blockchain fáciles de usar para que los emprendedores creen campañas de crowdfunding descentralizadas. El éxito de Alchemy Coin dependerá de si los emprendedores y las empresas confían en el compromiso de la plataforma con la seguridad y la transparencia.

10. Nebeus Token

Nebeus es una plataforma de servicios financieros que tiene como objetivo proporcionar a los usuarios la capacidad de pedir y prestar dinero y comprar criptodivisas. La plataforma Nebeus también tiene un servicio de préstamos entre pares y un intercambio de criptodivisas. La plataforma Nebeus utiliza la blockchain BitShares para proporcionar sus servicios.

La capitalización de mercado de Nebeus es actualmente de unos 25 millones de dólares, y cada ficha se cotiza a unos 0,02 dólares. Nebeus ha experimentado un crecimiento significativo desde finales de 2018, y cada token se negocia actualmente a un 30% de su máximo histórico. Nebeus es una de las pocas empresas de blockchain que ha recibido una licencia bancaria completa de Gibraltar y planea implementar la moneda fiduciaria en sus servicios a través de asociaciones con bancos. El éxito de Nebeus dependerá de la rapidez con la que pueda firmar acuerdos de asociación con los bancos y de si es capaz de aprovechar su licencia bancaria para aumentar la estabilidad.

¿Qué criptomoneda es la más lucrativa para 2022?

Según Road To Wealth, la mejor manera de responder a esta pregunta es observando las ICO y las distribuciones de tokens. Cualquier persona con una educación secundaria podría invertir en una ICO con una alta distribución de tokens. Los inversores también deberían buscar ICOs que indiquen claramente el número total de tokens que planean distribuir y el porcentaje que estará disponible durante su venta pública.

Los inversores también deben fijarse en la composición del equipo de la empresa. Si una empresa cuenta con un equipo sólido con experiencia en blockchain y finanzas, es probable que haya una gran demanda de sus tokens una vez que cotice en bolsa. Antes de invertir, hay que investigar tanto la propia empresa como el equipo que la respalda. Es difícil predecir el futuro, pero hay muchas posibilidades de que las monedas Sand, Mana y Enjin experimenten un gran crecimiento en 2022.

Decentraland, Sandbox y Enjin son tres de los mejores tokens del metaverso disponibles actualmente en el mercado de criptomonedas. Las tres monedas tienen el potencial de ver un crecimiento significativo en 2022 y en los próximos años, pero Enjin, Sandbox y Mana se enfrentan a desafíos únicos. A medida que pasa el tiempo, más empresas están empezando a reconocer los beneficios de la tecnología blockchain. También hay más políticos que empiezan a prestar atención a la criptomoneda y al blockchain en general. A medida que la criptodivisa se convierte en una corriente principal, es probable que se produzca un aumento dramático en el número de personas que entran en este mercado. Para aprovechar este aumento, es importante invertir pronto en monedas con altas posibilidades de éxito. Asegúrese de investigar antes de invertir y nunca invierta más de lo que pueda permitirse perder.

Capítulo 6: NFT del metaverso: Pros y contras

"Si es un artista y todavía no utiliza NFT (Token no fungible), está perdiendo potencialmente millones de dólares". – Olawale Daniel

Con la creciente aceptación de los juegos de RV, es solo cuestión de tiempo que el juego se convierta en un elemento básico de la sociedad. Hay varios proyectos en el mundo de la realidad virtual que intentan descentralizar la propiedad de los activos digitales. Estos o tokens no fungibles (NFT) crean escasez digital al impedir la duplicación. Pueden ser almacenados en el blockchain y comercializados de igual a igual. El valor de un token de este tipo depende de su popularidad y del número de personas que lo poseen. Estos tokens tienen muchas similitudes con los objetos físicos de colección, como las tarjetas de béisbol, los muebles antiguos o las obras de arte.

Este capítulo ofrece una visión de cómo el nuevo panorama digital del juego afectará al mundo tal y como lo conocemos. Los NFT son un poco diferentes de las monedas específicas, por lo que es importante destacar la diferencia entre ambos. También repasaremos los consejos generales de trading y de gestión de riesgos que se pueden tomar y utilizar para ser un inversor rentable en NFTs. Por último, hablaremos de la importancia de los NFT en el metaverso.

¿Qué son los tokens no fungibles?

Los tokens no fungibles son un subconjunto del estándar de tokens ERC20. Son únicos porque es imposible intercambiarlos por algo de idéntico valor. La blockchain de Ethereum es el lugar más popular para intercambiar NFTs debido a su facilidad de uso y a las características de seguridad incorporadas. Cada obra de arte, tarjeta o ficha única creada en la blockchain pasa a formar parte de un gran catálogo que proporciona información sobre la propiedad. Este proceso crea escasez porque solo hay un número determinado de fichas en circulación. Esto es similar a la forma en que los objetos de colección físicos de edición limitada crean su valor de mercado que a menudo es significativamente más alto de lo que indicaría la etiqueta de precio inicial. Los NFT creados en la blockchain llevan un registro inmutable de la dirección del monedero del propietario, lo que significa que no pueden ser robados o falsificados. Pueden ser recomprados en cualquier momento por su propietario, pero no pueden ser duplicados.

Los NFT no son escasos porque no hay forma de evitar su duplicación. Es importante darse cuenta de la diferencia entre los tokens que pueden ser emitidos a voluntad por cualquiera que los posea y los NFT, que son piezas únicas creadas en la blockchain. Los tokens con una oferta infinita se compran generalmente al por mayor y se venden para obtener un beneficio o una pérdida. Esto se asemeja más al comercio de acciones que a la posesión de un activo con valor intrínseco. Los NFTs pueden ser comercializados, pero su precio aumenta con el tiempo porque solo se fabricaron tantos tokens, y los contratos inteligentes en la blockchain controlan estrictamente la distribución.

¿Cuáles son algunos de los beneficios de los tokens no fungibles?

Los NFT son atractivos para los inversores porque sus precios aumentan con el tiempo. Sin embargo, hay otras razones por las que se están volviendo tan populares. A los jugadores, por ejemplo, les gusta tener objetos únicos que no pueden ser duplicados. Esto proporciona un sentimiento de orgullo y propiedad dentro del mundo virtual. Los artistas digitales también adoran los NFT porque les dan la posibilidad de obtener beneficios de su trabajo de forma automática. Algunos creadores han recurrido a las NFT como principal fuente de ingresos en lugar de depender de comisiones o servicios de terceros. Los NFT también son populares entre los jugadores ocasionales que no tienen el deseo de dedicar el tiempo que requieren los sistemas de nivelación tradicionales. En su lugar, pueden comprar sus armas o armaduras con dinero real.

Hay que tener en cuenta que, en la mayoría de los juegos, las armas se conceden al azar mediante un sistema RNG. Esto crea una cantidad significativa de dificultad y obliga al jugador a jugar durante horas y horas solo para conseguir el objeto que quiere. En algunos casos puede llevar semanas o meses. Con los NFT, sin embargo, no hay necesidad de tediosos procesos de nivelación ni de compromisos de tiempo forzados. Los jugadores pueden comprar NFT con dinero real y llevarlos a la batalla en cualquier momento. Si bien hay un elemento de aleatoriedad, los jugadores pueden acumular sus ganancias sin tener que pasar innumerables horas haciendo lo que es esencialmente un trabajo de oficina.

¿Cuáles son las desventajas de los tokens no fungibles?

Los NFT son atractivos para los inversores porque sus precios suelen aumentar con el tiempo. No hay estrategias que se puedan utilizar para asegurar un beneficio, pero el mercado está creciendo rápidamente, y siempre habrá nuevas oportunidades que aprovechar. Algunos tokens llevan años en el mercado sin cambios significativos en su precio, mientras que otros han experimentado fluctuaciones salvajes que han alimentado aún más la especulación o han hecho perder dinero a los inversores.

Recuerde que los NFTs no son un esquema para hacerse rico rápidamente y solo deben ser comprados con ingresos disponibles. También es importante recordar que todas las criptodivisas dependen de la especulación, por lo que no hay garantía de nada. El mercado aún está poco desarrollado y prácticamente todos los tokens tienen el potencial de aumentar su precio si la gente está dispuesta a pagar más. Por eso es importante no invertir más de lo que se está dispuesto a perder porque la realidad es que algunos tokens fracasarán mientras que otros aumentarán su valor.

¿Cuáles son algunas pautas generales?

Los siguientes consejos son directrices generales que se pueden utilizar al operar con NFTs en el mercado abierto. No son de ninguna manera absolutos, así que recuerde usar su discreción cuando haga este tipo de inversiones.

1. Invierta solo lo que pueda permitirse perder

Nunca invierta más de lo que pueda permitirse perder. Esto es especialmente cierto en el caso de los NFT, ya que el mercado está todavía poco desarrollado y es totalmente especulativo. No hay garantías de que ningún token vaya a aumentar su valor, salvo la especulación basada en el sentimiento del mercado, que puede cambiar en un momento. Si le preocupa que pueda estar invirtiendo demasiado, considere la posibilidad de esperar hasta que el panorama se haya despejado. Siempre habrá nuevas oportunidades de ganar dinero, así que nunca se precipite en nada.

2. Nunca invierta en un token que no entienda

Es importante entender completamente un token antes de invertir en él. Nunca invierta en un token si no cree en él. No importa si el precio es extremadamente bajo o si hay gente en los foros exagerando la inversión. Si no entiende la tecnología que hay detrás y cree que el equipo no va a cumplir, no hay razón para comprar ningún token. No solo debe evitar comprar un token, sino que también debe evitar participar en el mercado.

3. No se deje llevar por el pánico y venda sus tokens bajo cualquier circunstancia

Incluso si un token parece no ir a ninguna parte, es importante no entrar en pánico al vender. El mercado es volátil y puede oscilar drásticamente en cualquier dirección, por lo que no hay garantía de que vaya a obtener beneficios vendiendo sus tokens. También hay muchas posibilidades de que venda sus tokens mientras el precio está bajo y pierda una gran oportunidad por haber entrado en pánico. Esto se relaciona directamente con el consejo número dos, por lo que es importante no vender un token si no cree en él.

4. Invierta en el equipo que está detrás del proyecto

El éxito de cualquier NFT dependerá en gran medida del equipo que haya detrás. Algunos tokens se crean, se abandonan y luego se olvidan. Aunque esto no siempre es cierto, debe investigar el equipo detrás del proyecto antes de invertir en él, porque un mal equipo puede hacer que el precio caiga estrepitosamente. Observa la experiencia del equipo, sus proyectos anteriores y si han cumplido sus promesas anteriores. Si utiliza Google y otros motores de búsqueda para investigar sus propuestas, normalmente podrá determinar si son dignos de confianza o no.

5. Trate las inversiones como beneficios a corto plazo

Aunque ciertamente es posible que un token aumente su valor sustancialmente, es mejor tratar todas las inversiones como beneficios a corto plazo. Es importante considerar el potencial a largo plazo de un token, pero es igualmente importante invertir en un token por su potencial a corto plazo. No está garantizado que cualquier inversión que haga dé lugar a un resultado rentable, por lo que solo debe invertir en un token si cree que va a ganar algo con él. La mayoría de los tokens son bastante volátiles, por lo que debe aspirar a obtener una rentabilidad rápidamente. Si no puede hacerlo, entonces podría ser el momento de considerar seguir adelante.

6. Diversifique su cartera

Siempre es una buena idea diversificar su cartera porque al hacerlo puede protegerse de posibles caídas. Si solo invierte en un token y ese token falla, entonces toda su cartera está en riesgo. Al diversificar su cartera, puede protegerse de las caídas y de los efectos de la desaparición del mercado. Es importante diversificar al máximo, pero eso no significa que deba invertir en todos los tokens que existen. En su lugar, es más efectivo buscar un único índice o fondo de NFTs de bajo coste que pueda ser fácilmente negociado.

7. Invierta en NFTs de pequeña y mediana capitalización

Dado que no va a invertir en los tokens más importantes, debería tratar de invertir en NFTs de pequeña y mediana capitalización. Estos tipos de tokens ofrecen un gran potencial, permitiéndole aumentar su inversión drásticamente en un corto período de tiempo. La oferta es menor, por lo que no hay tanto impacto si el precio comienza a dispararse. Los tokens de esta categoría también son menos propensos a tener algún tipo de regulación, por lo que puede invertir fácilmente. Es importante empezar poco a poco, para poder invertir en varios tokens sin tener que poner todos los huevos en una sola cesta.

8. Invierta en proyectos que satisfagan una necesidad del mundo real

Invertir en un token que satisfaga una necesidad del mundo real puede dar lugar a grandes beneficios. Uno de los mayores problemas a los que nos enfrentamos como sociedad es la oferta y la demanda, por lo que invertir en un token que pueda ayudar a resolver este problema es una excelente idea. Busque tokens de infraestructura o redes que tengan un impacto significativo. Si puede invertir en un token que resuelva un problema, debería hacerlo porque tiene el potencial de aumentar su precio exponencialmente.

9. Sea consciente de los riesgos de invertir en NFTs

Para entender mejor cómo funciona la inversión en los NFT, debe ser consciente de los riesgos que conlleva. Los tokens NFT pueden fracasar debido a un exceso de oferta, a la falta de demanda o a que el proyecto no está ganando suficiente atención. También debe considerar la posibilidad de invertir en un token con una baja capitalización de mercado, ya que puede dar lugar a importantes beneficios. Siempre debe hacer su investigación antes de invertir en cualquier token para determinar qué tan probable es que su precio aumente.

10. Recuerde que debe tratar cualquier consejo como solo un consejo

Por último, es importante recordar que cualquier consejo o resumen dado debe ser tratado solo como un consejo. Ningún resumen o consejo garantizará un aumento de su inversión, por lo que siempre debe investigar antes de invertir en un token. Los consejos pueden ayudar a apuntar en la dirección correcta, pero es imperativo siempre sopesar sus opciones y hacer su debida diligencia antes de tomar cualquier decisión final.

Metaverso NFTs vs. Monedas

La llegada de la tecnología blockchain ha tenido un gran impacto en el mundo de las finanzas, especialmente en lo que respecta a las criptomonedas. Antes de la creación de la blockchain y las criptodivisas, los únicos activos intangibles y digitales eran las acciones de una empresa o el almacenamiento de archivos. Sin embargo, la introducción de la criptodivisa ha permitido a las personas crear su economía y contribuir a las aplicaciones descentralizadas para recuperar alguna forma de patrimonio.

Desde la creación de la criptomoneda, muchos proyectos diferentes han ofrecido su visión de la tecnología blockchain. Un ejemplo es el proyecto metaverso, que ofrece un blockchain público de código abierto que proporciona activos digitales e identidades digitales. La gente puede utilizar el blockchain para almacenar transacciones, propiedad e información valiosa.

Una de las mayores diferencias entre las monedas y los NFT es que las monedas se utilizan principalmente para tranferir un valor de persona a persona. Los NFT, en cambio, están pensadas para representar la propiedad de activos digitales. Es posible que una moneda sea también un NFT, pero son dos tipos diferentes de tokens. Un NFT es un token cifrado único y puede estar vinculado a elementos digitales específicos. Los tokens suelen crearse y distribuirse a través de protocolos de blockchain, donde pueden ser comprados o vendidos por otro usuario que posea el token. Los NFT están diseñados para representar la propiedad de activos digitales, por lo que pueden ser transferidos o comercializados. Los NFT se diferencian de las criptomonedas porque otorgan al titular derechos y propiedad sobre un activo digital.

Los NFT pueden utilizarse para representar la propiedad de diferentes tipos de recursos digitales, como objetos coleccionables, juegos o puntos de fidelidad. Las personas pueden elegir qué tipo de activos digitales quieren crear o comerciar con la ayuda de los NFT. Otras cosas diferencian a las monedas de los NFT, como la cantidad de oferta disponible. La oferta de una moneda puede crearse mediante la minería o la acuñación, y el desarrollador determina la cantidad total de monedas. En cambio, la oferta de un NFT es fija, lo que significa que no está sujeta a la inflación ni a la deflación.

La mayor diferencia entre las monedas y los NFT es que cada criptodivisa tiene su propia blockchain, que rige el flujo de las transacciones. Sin embargo, los NFT suelen crearse sobre un protocolo blockchain existente diseñado específicamente para los tokens NFT. Esto significa que los protocolos tienen su infraestructura, como un monedero incorporado, que permite a los usuarios interactuar fácilmente con los diferentes tokens.

El impacto de los NFT en el metaverso

Los NFT están cambiando la industria de la realidad virtual porque permiten a las personas poseer activos digitales almacenados en la blockchain. La tecnología blockchain también permite que los NFT estén descentralizadas y sean seguros, algo que hasta ahora no se había visto en el comercio de activos digitales. Los NFT ya se utilizan para crear diversos tipos de activos digitales, como criptomonedas, puntos de fidelidad y objetos de colección. Estos activos digitales pueden intercambiarse entre sí o incluso por divisas fiduciarias.

Los NFT permiten a los individuos tener un mayor control sobre los tipos de activos digitales que poseen. En lugar de poseer algo que produce una empresa centralizada, las personas pueden comprar activos digitales utilizando criptodivisas y almacenarlos en la blockchain. Esto convierte a los activos digitales en un depósito de valor más líquido, haciéndolos fungibles. Es probable que los NFT se utilicen en la mayoría de los juegos de realidad virtual en los próximos años.

En el metaverso, los NFT permiten a las personas poseer e intercambiar activos digitales y disfrutar de las ventajas de un sistema descentralizado. Con ellos se pueden crear muchos tipos de activos diferentes, lo que ofrece más utilidad a los usuarios. La propiedad de los NFT abre muchas puertas a los usuarios en el metaverso porque pueden intercambiar los activos por otros activos digitales o incluso venderlos para generar valor.

Los NFT son una parte importante del metaverso porque permiten a las personas poseer activos digitales. Las monedas también pueden utilizarse como una forma de moneda en el metaverso, pero los NFT permiten una mayor personalización y utilidad cuando se trata de activos digitales. A menos que una moneda sea también un NFT, no puede ser comerciada de la misma manera. Es importante que los usuarios del metaverso conozcan los NFT y su funcionamiento, sobre todo porque estos activos se utilizan cada vez más en los juegos de realidad virtual. El auge de los NFT puede atribuirse a la tecnología blockchain, que hace posible que los activos digitales tengan un propietario y estén descentralizados.

El control de los activos digitales es otra de las ventajas de los NFT, ya que permiten a los usuarios crearlos mediante protocolos de blockchain. El metaverso ha permitido a los usuarios de la realidad virtual crear activos digitales que pueden utilizarse en otros juegos. La posibilidad de poseer y comerciar con activos digitales es importante en el metaverso porque ofrece a la gente otra forma de ganar dinero en los juegos. Algunas personas eligen comerciar con NFTs en lugar de jugar a un juego porque tiene una mayor retribución.

Los NFT ya se utilizan en muchos tipos de juegos, lo que significa que el concepto se hará más popular a medida que avance el tiempo. Es importante que la gente los conozca y sepa cómo se pueden utilizar en los juegos de realidad virtual. A medida que los NFT se hagan más populares, se utilizarán en muchos tipos diferentes de juegos en múltiples plataformas. Es solo cuestión de tiempo que estos tokens formen parte del metaverso.

Tipos de NFT

Hay muchos tipos diferentes de NFT disponibles, y las posibilidades de crearlos y utilizarlos dentro de la realidad virtual y la tecnología blockchain son prácticamente infinitas. Los jugadores individuales y las empresas pueden crear sus tokens y utilizarlos para construir una marca. Los NFT ya ofrecen muchas ventajas a los usuarios de la realidad virtual, como la creación y el comercio de activos digitales. Un NFT puede ser cualquier cosa, desde un objeto de colección hasta un accesorio para un videojuego. No hay límite a los tipos de activos que se pueden crear. Los tipos más populares de NFT son las criptomonedas, los coleccionables y los tokens.

Los NFT se están convirtiendo rápidamente en parte del metaverso, desde los jpegs hasta los tokens digitales con valores adjuntos. Con estos tokens, los usuarios de la realidad virtual pueden poseer sus activos digitales y experimentar una amplia gama de beneficios. La gente tiene que entender los NFT porque son la fuerza motriz de la propiedad de activos en el metaverso. Los NFT son una parte integral de la realidad virtual y solo cobrarán más importancia con el paso del tiempo.

Los NFT son un tipo de ficha digital que puede utilizarse para representar muchas cosas diferentes en el metaverso. Funcionan de forma parecida a las monedas, pero se pueden personalizar para alcanzar objetivos específicos. Los NFT son una parte importante del metaverso porque la gente puede poseer activos digitales y beneficiarse de ellos sin pagar una cuota. Una de las mayores ventajas de los NFT es que los jugadores pueden intercambiarlos por otros activos digitales dentro de juegos específicos. La popularidad de los NFT sigue creciendo a medida que pasa el tiempo, y serán cada vez más importantes a medida que la tecnología de la realidad virtual siga desarrollándose.

Sin embargo, invertir en los NFT también conlleva riesgos, y los jugadores deben conocerlos antes de comprarlos. Hay muchos tipos diferentes de NFT, como criptomonedas, coleccionables e incluso tokens, que pueden utilizarse en juegos específicos. Representan el futuro de la propiedad de activos digitales, y son parte integrante de la realidad virtual. Los NFT permiten a los usuarios ser propietarios de sus activos digitales, lo que es cada vez más importante a medida que el metaverso se desarrolla y expande.

Capítulo 7: Ganar dinero en el metaverso

"Puede hacerse millonario siendo más consciente de las oportunidades que existen y que se le presentan". - Anuj Jasani

El metaverso es el primer mundo de realidad virtual que combina redes sociales e incentivos económicos. No es solo un juego; es un lugar para hacer negocios y crear valor. Se puede decir mucho más sobre las posibilidades que ofrece el metaverso. Podríamos hablar de la revalorización de la moneda del juego (la tierra) y de la rentabilidad que se puede obtener por venderla en un momento álgido. Podría hablar de cómo adquirir tierras para proteger sus inversiones. Incluso podría hablar de las posibilidades de alquilar su tierra y ganar dinero en el proceso.

Aunque hay muchas formas de ganar dinero en el metaverso, este capítulo se referirá a las formas más fáciles y sencillas. El fuerte aumento de los precios de los terrenos digitales se debe a los elogios de la comunidad por su potencial y porque ofrece a los inversores una forma fácil de ganar dinero. Este capítulo también tratará sobre la compra de terrenos, por qué es una buena idea y cómo hacerlo.

¿Qué es exactamente un terreno en el metaverso?

Un terreno en el metaverso es una parcela de propiedad virtual dentro de la blockchain del metaverso. La compra de un terreno virtual en el metaverso le ofrece varias ventajas. La más importante es que es suyo, y nadie puede quitárselo a menos que lo venda o lo regale. Tiene la libertad de hacer lo que quiera con su pedazo de tierra virtual dentro del metaverso. No hay límites en cuanto a lo que puede crear en su parcela de tierra virtual. Puede construir una casa y establecerse si lo desea. Puede crear una sala de juegos o un casino para entretenerse. Puede convertir su terreno en un club, una escuela, una galería, un cine, un teatro, un museo... ¡la lista es interminable! Las posibilidades son infinitas y solo están limitadas por su imaginación.

El sistema de terrenos del metaverso funciona de forma diferente a cualquier otro mundo virtual, ya que utiliza la tecnología blockchain para proporcionarle la verdadera propiedad de su terreno y de todo lo que hay en él. Una vez que compra un terreno, queda registrado a nombre de su avatar; nadie más puede reclamar el mismo terreno. Su valor depende de lo que haga usted con él o permita que otros lo hagan. ¡Incluso puede colaborar con otra persona y crear algo extraordinario!

El mercado de terrenos del metaverso

Se ha debatido mucho sobre por qué el precio de la tierra está aumentando tan rápidamente. Como se ha mencionado anteriormente, hay varias razones por las que la gente compra terrenos. En primer lugar, hay un número finito de parcelas disponibles para la venta, y la demanda de terrenos aumenta exponencialmente. A medida que aumenta la población, también lo hace la demanda de terrenos, y el precio.

En segundo lugar, las personas que poseen algunos terrenos no tienen intención de venderlos, sino que los alquilan a otros para obtener beneficios. En la actualidad, más de 300 residentes de Second Life obtienen ingresos por el alquiler de parcelas virtuales. Los ingresos obtenidos por el alquiler de una parcela oscilan entre 300 y 500 dólares al mes, dependiendo de la ubicación y el tamaño. Una vez que se tienen 5 o 6 parcelas, se puede ganar lo suficiente para reemplazar los ingresos de un trabajo a tiempo completo si se decide hacerlo.

En tercer lugar, la gente está especulando con el precio del terreno porque cree que seguirá subiendo. Y, por último, la gente está comprando terrenos solo por comprarlos porque creen que se puede ganar dinero vendiéndolos más tarde a un precio más alto. Sin embargo, la razón más sencilla y fácil para comprar un terreno virtual en Second Life es que es más barato que comprar uno real. Un terreno en EE. UU., por ejemplo, cuesta unos 20.000 dólares. En Second Life, un terreno virtual cuesta entre 200 y 300 dólares.

Hay dos opciones para comprar un terreno en el metaverso. Antes de hacerlo, es importante tener en cuenta que hay muchas cosas que considerar. Si está pensando en invertir en un terreno, aquí tiene cinco cosas necesarias que debe tener en cuenta antes de comprar.

1. No se puede destruir ni modificar nada en el terreno

Al comprar un terreno virtual, no puede hacer ninguna modificación ni romper nada que ya esté en ese terreno. Esto significa que no puede dividir grandes parcelas en tamaños más pequeños. Si compra un terreno con objetos en él, asegúrese de que son cosas que quiere o puede permitirse reemplazar. Tampoco puede modificarlos de ninguna manera. Sin embargo, hay algunas excepciones a esta regla, pero es mejor tenerlo en cuenta antes de comprar.

2. El precio seguirá fluctuando

El precio de los terrenos en el metaverso seguirá subiendo y fluctuando. No hay forma de predecir cuánto cambiará, así que asegúrese de investigar antes de invertir. Como ocurre con todas las criptomonedas, existe la posibilidad de que el precio suba o baje. Tiene que considerar si está dispuesto a arriesgarse con ello antes de invertir.

3. No compre más de lo que pueda manejar

El metaverso es un espacio online en constante crecimiento, así que no se deje llevar. Trate de no comprar demasiados terrenos, porque necesitará los fondos para cuidarlos. El mantenimiento es muy importante y necesitará dinero para invertir en objetos adicionales. También necesitará alojar su servidor porque el metaverso es una red de distribución. Esto significa que necesita delimitar su territorio en el metaverso para establecer su hogar virtual. Por lo tanto, debe considerar si tiene el espacio para el servidor en su ordenador para esto.

4. No hay garantías

Si está pensando en comprar un terreno virtual en el metaverso, no hay garantías de que su inversión vaya a ser rentable. La compra de terrenos sigue siendo un riesgo, simplemente porque no existe ninguna regulación. Esto es algo que debe considerar antes de comprar cualquier propiedad virtual. Si le preocupa su inversión, podría valer la pena pensar en alquilar un terreno en su lugar.

5. No hay seguros de alquiler

Hay que tener en cuenta que en el metaverso no hay seguros de alquiler. Si encuentra inquilinos para sus terrenos, asegúrese de que cumplen los requisitos que usted establece. Si decide alquilar un terreno, asegúrese de establecer las normas y reglamentos del espacio antes de invitar a la gente a entrar en él. Es posible que quiera establecer algunas directrices de antemano como "no se permiten hogueras" o "no se permiten armas". Además, antes de comprar un terreno virtual, es importante conocer todas las leyes relacionadas con el uso y la propiedad del metaverso.

Comprar una propiedad virtual en el metaverso

1. Abrir una cuenta

Lo primero que tiene que hacer es abrir una cuenta: puede probar con www.secondlife.com. Hay cuentas gratuitas y cuentas premium en las que puede inscribirse. Deberá proporcionar una tarjeta de crédito o una cuenta de PayPal para pagar el terreno virtual. También hay que tener en cuenta que se cargará en su tarjeta de crédito si utiliza una cuenta gratuita, mientras que la versión premium permite la "degradación gradual", en la que los objetos dejarán de renderizarse si se queda sin dinero.

2. Estudiar los anuncios

Una vez que su cuenta esté activa, es el momento de empezar a mirar los anuncios en el metaverso. Suele haber muchos anuncios de terrenos disponibles, así que asegúrese de leerlos con atención. También tendrá que comprobar cuánto cuesta el terreno y leer más sobre él antes de decidirse. Algunos propietarios privados venden sus propiedades, las cuales puede ver visitando su página de perfil. Tendrá que ponerse en contacto con ellos directamente si desea comprarles. Asegúrese de que, antes de dirigirse a cualquier propietario, conoce a fondo cómo se compran y venden los terrenos en el metaverso, qué se puede y qué no se puede hacer con ellos y cuánto debe pagar.

3. Asegúrese de que puede permitírselo

Nunca debe comprar una propiedad virtual si no se la puede permitir, porque el precio de los terrenos en el metaverso es cada vez más caro. Fíjese un límite en cuanto a lo que está dispuesto a pagar y aténgase a él. Mientras tanto, estudie las últimas noticias sobre las subastas de terrenos y los cambios en el metaverso para saber cómo administrar su dinero adecuadamente. Es posible que quiera utilizar una tarjeta de débito o PayPal para comprar terrenos en línea. Esto se debe a que las tarjetas de crédito conllevan un cierto riesgo, y cobran intereses por sus compras. Debe investigar a qué precio se venden otros espacios y cuánto cuestan los alquileres antes de poner todo su dinero en una propiedad que tal vez no pueda pagar. Si no puede permitirse un terreno virtual, considere la posibilidad de alquilar un espacio en su lugar.

4. Busque espacios abiertos

La mayoría de los bienes inmuebles que se anuncian en el metaverso suelen ser espacios abiertos con muy pocos objetos. Esto se debe a que los nuevos jugadores tienden a comprar parcelas baratas en el metaverso y añadir sus objetos. Así que, cuando usted busque un terreno virtual, intente ir a por un espacio que no tenga objetos ni parcelas residenciales. Si está pensando en comprar un terreno virtual en el metaverso, es importante que piense bien dónde lo va a comprar. Cerciórese de que el lugar tenga algún tipo de significado para usted y que sea fácil de recorrer. Encuentre un lugar que le haga sentir como en casa en el metaverso, y recuerde que es tan importante que su terreno tenga un buen aspecto como que gane dinero.

5. Invierta algo de tiempo

A la hora de comprar un nuevo espacio, es importante revisar todo lo que implica para asegurarse de que la compra valdrá la pena. Debe conocer las leyes que rodean a los bienes inmuebles en línea, qué derechos tiene sobre ellos y cuánto dinero puede ganar cada mes durante este tiempo de investigación. Dado que los precios de los terrenos en el metaverso no hacen más que aumentar, querrá hacerse una idea de cuánto dinero puede ganar alquilándolos o revendiéndolos. Lo importante es recordar que los terrenos virtuales en el metaverso se han convertido en una inversión muy lucrativa y deben tomarse siempre en serio, especialmente cuando se trata de revenderlos. Debe asegurarse de conocer el mercado e investigar lo que le interesa a la gente antes de invertir en terrenos para revenderlos.

6. Establezca algunas condiciones

Si está pensando en alquilar o vender su terreno en el metaverso, es importante establecer algunas condiciones de antemano para que todo el mundo sepa en qué se está metiendo. Puede establecer las reglas y restricciones que desee en su terreno para asegurarse de que las personas que lo utilicen jueguen con las mismas reglas que los demás. Tanto si decide alquilar su terreno como si lo vende para obtener un beneficio, asegúrese de que las condiciones estén escritas y sean claras. Debe decidir por cuánto pueden alquilar su espacio las personas que lo utilicen de forma gratuita, y cuánto dinero recibirá cada mes.

7. Manténgase protegido

Por muy cuidadoso que sea, siempre existe la posibilidad de que algo salga mal al comprar objetos virtuales en el metaverso. Siempre debe protegerse utilizando un servicio de custodia especializado en transacciones de terrenos digitales, como el Linden Exchange de Second Life. De este modo, puede estar seguro de que el dinero y el terreno irán a parar a la persona adecuada, y no será estafado. El Second Life Exchange (SLX) le permite comprar y vender terrenos a cambio de dinero real. Puede buscar entre todos los terrenos virtuales que están a la venta, e incluso puede crear un tablero de intercambio para conectarse con otros jugadores. Esto es muy útil si está tratando de comprar o vender tierras a un precio razonable.

8. Abra sus puertas

Si decide alquilar su terreno en el metaverso, asegúrese de establecer algunas directrices antes de permitir que la gente entre en él. Puede que quiera crear una zona determinada para las salas de chat o una zona para almacenar objetos. Además, asegúrese de establecer algunas reglas básicas antes de permitir que la gente entre en su terreno. Debe pedirles que no rayen las áreas que ha creado y que mantengan conversaciones civilizadas. Una vez que haya definido su terreno, debe crear una "propiedad" real para permitir el acceso a la gente. Puede hacerlo creando un grupo en el que usted sea el propietario. De esta manera, puede decidir quién tiene acceso a su tierra, y tendrán los mismos derechos que usted. También puede permitir a ciertas personas sin hacerlas parte del "grupo".

¿Cómo crear su terreno virtual?

Hay dos formas de comprar un terreno virtual en el metaverso. Puede comprar un terreno a otro usuario o crear su parcela en el espacio virtual del metaverso. Cuando compre un terreno a otra persona, es importante que se asegure de que es una persona de confianza. Si va a comprar un terreno virtual a otra persona, asegúrese de que establece sus términos y condiciones antes de comprarlo. Además, si decide comprar un terreno, prepárese para gastar entre 15.000 y 20.000 dólares por una parcela.

Si quiere evitar pagar por terrenos virtuales a otras personas en el metaverso, es posible crear su parcela en la blockchain. Si tiene experiencia en la creación de terrenos en la blockchain, esta es probablemente la mejor opción. Es bastante fácil de hacer, pero puede ser bastante costoso dependiendo de la cantidad de terreno que quiera crear.

Sin embargo, si no tiene experiencia en este tipo de cosas, es posible que necesite la ayuda de un desarrollador o de otras personas familiarizadas con la tecnología blockchain. Para crear su terreno virtual en el metaverso, tendrá que conectarse con un desarrollador. Ellos se asegurarán de que su terreno está bien configurado, y le costará al menos 15.000 dólares crear su parcela.

Para evitar gastar grandes cantidades de dinero comprando propiedades virtuales en el metaverso o creando su propio espacio en la blockchain, puede buscar opciones alternativas. Es posible que encuentre a alguien en su comunidad del metaverso que le ayude a crear un terreno virtual de forma gratuita, o que pueda comprar una región prefabricada a otro usuario. Si decide comprar una región prefabricada, asegúrese de conocer las reglas para protegerse.

La estrategia de compra de terrenos

A la hora de comprar terrenos virtuales, la mejor estrategia a seguir es comprar barato y vender caro. Esto significa que debe buscar regiones puestas a la venta recientemente y comprarlas por un precio bajo. También puede intentar negociar con la persona que lo posee. De esta manera, puede encontrar una buena oferta en un pedazo de propiedad virtual en el metaverso. Una vez que haya encontrado un terreno que quiera comprar, tiene que decidir cuál es su valor. En el metaverso, el precio de las propiedades virtuales ha aumentado rápidamente. La gente está comprando todo el terreno que puede porque sabe que será rentable en el futuro.

Para que su propiedad virtual tenga éxito, necesita hacer mucha publicidad. Puede generar algunos ingresos del terreno alquilándolo. De este modo, podrá recuperar fácilmente su dinero. Si quiere ganar dinero con este tipo de inversión, busque regiones que no hayan tenido mucha exposición y haga usted mismo algo de publicidad en ellas.

El futuro de la propiedad virtual

La propiedad virtual en el metaverso es cada vez más popular. El precio de los terrenos virtuales ha aumentado rápidamente en los últimos meses, y esta tendencia no parece que vaya a detenerse pronto. Si quiere ganar dinero invirtiendo en propiedades virtuales, debe buscar regiones que aún no hayan tenido mucha exposición. Aún es pronto en el metaverso, así que hay muchas regiones a la venta entre las que elegir.

Es difícil predecir el futuro de los terrenos virtuales en el metaverso. Hay muchos factores que influyen en el precio, y va a depender de lo que ocurra con la tecnología blockchain en el futuro. La tierra en el metaverso podría ser muy rentable para aquellos que inviertan pronto, pero siempre hay un riesgo y grandes beneficios potenciales.

Tanto si decide comprar terrenos a otro usuario como si no, es importante aprender todo lo posible sobre el metaverso. Invertir en propiedades virtuales puede parecer complicado al principio, pero una vez que se ha tomado el tiempo necesario para entender la tecnología blockchain, este tipo de inversión puede ser muy lucrativa. Hay que tener paciencia y esperar a obtener beneficios porque no hay garantía de que el valor de los terrenos virtuales siga aumentando.

La mejor estrategia a seguir a la hora de comprar una propiedad virtual es investigar en qué se está invirtiendo. Deberá saber cuánto dinero está invirtiendo en el proyecto y asegurarse de que puede recuperar su dinero fácilmente si es necesario. Dependiendo de dónde se encuentre el terreno dentro del metaverso, podría ser muy rentable para aquellos que inviertan pronto, pero siempre hay un riesgo también. No invierta más de lo que esté dispuesto a perder porque el mercado puede ser imprevisible a veces.

Capítulo 8: El metaverso y su efecto en las empresas

El metaverso puede definirse como un universo virtual que es una colección de activos digitales y usuarios. Estos activos digitales se conocen como NFTs (Tokens no fungibles), cuyo nombre se debe a que cada activo es único y no intercambiable. Como resultado, cada token tiene su valor. Los tokens también pueden ser comercializados en diferentes plataformas con diferentes valoraciones. Cada usuario en el metaverso está representado por un avatar, que el usuario crea según sus gustos y personalidad. Se puede personalizar todo, desde el género, el peinado, la ropa y los accesorios del personaje hasta sus expresiones faciales y sus gestos.

El metaverso tiene muchos aspectos positivos de los que se pueden beneficiar las empresas. Ayudará a las empresas a adaptarse a la tecnología blockchain y a seguir las nuevas tendencias del mercado a largo plazo. Por ejemplo, ofrece una oportunidad real de ver cómo funcionará su modelo de negocio en el futuro o incluso de probarlo antes de invertir mucho dinero en él. También es un gran lugar para que varias empresas prueben sus productos y servicios sin ninguna pérdida financiera. Este capítulo servirá como estudio de caso para la eficacia del metaverso en diferentes industrias.

El escenario actual

El metaverso es un proyecto de código abierto que puede utilizarse en diversos ámbitos para aportar valor en la vida real. El ejemplo más notable de una aplicación corporativa del metaverso es Facebook, que planea utilizar la tecnología blockchain para reducir costes y proteger los datos de los usuarios. Según declaró el director de tecnología Mike Schroepfer, uno de los proyectos en los que Facebook ha estado trabajando es el lanzamiento de nuevas tecnologías blockchain para su red social.

El metaverso está pensado para ser implementado en situaciones de la vida real, por lo que la integración de la tecnología blockchain en Facebook es un gran ejemplo de cómo una empresa existente puede beneficiarse del metaverso en sus operaciones diarias. Si la tecnología blockchain no se hubiera introducido en la empresa, es posible que nunca hubieran tenido la oportunidad de utilizarla para su mejora interna.

Este es solo un ejemplo de cómo algunas empresas utilizan el metaverso para aumentar sus beneficios y mejorar su modelo de negocio. Sin embargo, todavía existen importantes barreras que impiden que el metaverso alcance todo su potencial en la industria empresarial. Muchas empresas no están preparadas para que el metaverso forme parte de su modelo de negocio. No ven el valor de desarrollar juegos o plataformas de realidad virtual ni tienen la experiencia necesaria para crear un producto que pueda competir con la tecnología existente. Es probable que sus productos se queden obsoletos en breve debido a la rápida naturaleza de la tecnología. Para que una empresa se mantenga a la vanguardia de la tecnología, tendrá que empezar a integrar el metaverso en su empresa.

Aspectos importantes a tener en cuenta

Uno de los principales obstáculos para las empresas de hoy en día es que siguen utilizando sistemas centralizados para construir sus plataformas. Esto significa que toda la información de los usuarios, incluidos los datos personales, se almacena en el servidor de la empresa. Esto significa que son vulnerables a las brechas de seguridad, y cualquiera que tenga acceso al sistema puede explotar los datos almacenados.

Al introducir la tecnología blockchain, las empresas podrán descentralizar su plataforma almacenando la información de los usuarios en múltiples nodos en lugar de en un único servidor. Esto significa que, si algunos de los nodos son hackeados, los hackers no tendrán acceso a toda la información. Se puede utilizar el blockchain para organizar los datos de forma descentralizada.

Otro aspecto clave para cualquier empresa que quiera utilizar el metaverso es la posibilidad de monetizar su plataforma de realidad virtual. Si la gente utiliza un mundo virtual para mejorar su vida cotidiana, la empresa necesita cobrarles para generar ingresos. El metaverso permite monetizar las plataformas de varias maneras, como donaciones, compras en el mercado y suscripciones. Por ejemplo, la plataforma puede anunciar productos o servicios mientras el usuario está en el mundo.

Las empresas se enfrentan a un problema cuando quieren implantar el metaverso en su empresa: encontrar a las personas adecuadas para desarrollar y mantener su plataforma. Es posible que las empresas no dispongan de personal interno o no sepan cómo encontrar a los programadores adecuados. Incluso puede que no entiendan lo difícil que puede ser desarrollar un juego de realidad virtual o una plataforma para que la gente la utilice. Por ello, muchas empresas no implementan la realidad virtual en sus modelos de negocio porque no quieren lidiar con la molestia de contratar a personas que puedan construirla para ellos.

Casos de uso del metaverso en un modelo de negocio

A la hora de integrar el metaverso en una empresa, es imprescindible entender cómo se puede utilizar para mejorar su modelo de negocio actual. Una de las opciones es probar sus productos en un mundo de realidad virtual antes de lanzarlos. Si un producto no funciona como se espera, la empresa puede solucionar el problema antes de que se convierta en un problema importante. Esto ahorrará a la empresa tiempo y dinero, lo que es muy importante en un panorama empresarial en constante cambio.

Otro uso del metaverso es como forma de publicidad. En el mundo, verá anuncios en vallas publicitarias o en escaparates. Es una forma barata y eficaz de que las empresas se anuncien sin tener que contratar a modelos y actores. Las empresas también pueden utilizar el metaverso para promocionar sus actividades profesionales. Puede utilizarse para crear un mundo virtual que muestre cómo es trabajar para la empresa. Esto atraerá la atención de posibles empleados y ayudará a encontrar nuevos talentos.

Uno de los aspectos más infravalorados de la implantación del metaverso en su modelo de negocio es su capacidad para mejorar el rendimiento de la empresa. La realidad virtual puede utilizarse para imitar escenarios del mundo real que pongan a prueba un producto o una habilidad. Si una empresa intenta vender un nuevo tipo de tecnología, puede crear un mundo virtual que permita a los clientes probar el producto. Esto les ayudará a determinar si vale la pena comprar el producto o no. El metaverso puede servir para probar nuevas ideas de negocio y evaluar su funcionamiento en el mundo real.

Uno de los factores más beneficiosos para las empresas es utilizar el metaverso para mejorar la vida de sus empleados. Al crear un mundo virtual al que los empleados puedan evadirse, dejarán de enfrentarse a las mismas tensiones de la vida real. Esto les permitirá relajarse y concentrarse más en la tarea que tienen entre manos. Las empresas también pueden utilizar la realidad virtual para aumentar la moral de la empresa. Los empleados disfrutarán viniendo al trabajo si saben que pueden escaparse a un mundo virtual donde todo es mejor.

Estas son algunas de las formas en las que se puede utilizar la realidad virtual en las empresas:

1. Ferias comerciales virtuales

En lugar de tener que ir físicamente a las ferias, las empresas pueden crear ferias virtuales que permitan a la gente asistir desde la comodidad de su casa. La gente ya no tendrá que lidiar con el estrés de ir a estas ferias, mientras que las empresas no tienen que preocuparse de contratar a personas para trabajar en un stand. Esta es una de las formas más convenientes de implementar la realidad virtual en su modelo de negocio.

2. Evaluaciones virtuales y simulaciones de formación

Las empresas tienen que pagar a sus empleados para que acudan a seminarios de formación en el mundo real. Con la realidad virtual, las empresas pueden crear simulaciones específicas para la formación. Esto hará que la formación para los nuevos puestos de trabajo sea más fácil y rápida, lo que ayudará a la empresa a mejorar sus productos y permitirá a los empleados crecer. Las personas pueden utilizar la realidad virtual para practicar escenarios del mundo real sin arriesgar sus vidas. Esto ayudará a las empresas a formar a sus empleados para que presten correctamente sus servicios o ejecuten tareas específicas. Los empleados pueden practicar lo que necesiten antes de pasar a la realidad sin apenas consecuencias.

3. Terrenos de pruebas virtuales

Las empresas pueden probar sus productos en un entorno seguro sin arriesgar la vida de sus empleados. Esto les permitirá evaluar lo bien que funciona su producto en condiciones reales. A continuación, pueden mejorar el modelo si es necesario antes de comprometerse con la producción o explorar otras opciones. Las empresas pueden utilizar el metaverso para probar sus productos antes de lanzarlos a la población general. Esto ayudará a reducir los costes y a ahorrar tiempo, lo cual es crucial en el panorama empresarial actual.

4. Espacios de reunión virtuales

Con el metaverso, las empresas ya no tendrán que reunirse en la vida real para discutir asuntos de la compañía. Esto puede hacerse a través de salas virtuales y auriculares, que permitirán a los empleados reunirse sin apenas problemas. La realidad virtual puede ser utilizada como una forma más eficiente de comunicarse y compartir ideas con los compañeros, lo que ayudará a mejorar los negocios en general.

5. Fiestas de lanzamiento virtuales

En lugar de celebrar un evento físico para lanzar el nuevo producto de una empresa, se puede utilizar la realidad virtual. Esto permitirá a la gente vivir las fiestas desde la comodidad de sus hogares. Esto ahorrará a las empresas una importante cantidad de dinero para invertir en su producto.

Son muchos los beneficios de incorporar la realidad virtual a su modelo de negocio. Todo lo que necesitan las empresas es encontrar a las personas adecuadas que les ayuden a implementarla, y verán los beneficios inmediatamente. El metaverso es una de las herramientas más poderosas en el mundo de los negocios de hoy, y no va a ir a ninguna parte pronto.

Beneficios de la integración de la realidad virtual en los modelos de negocio

Las tecnologías de realidad virtual y realidad aumentada se integrarán en muchísimos tipos de negocios durante la próxima década. Se calcula que solo en Estados Unidos habrá 171 millones de usuarios activos en la realidad virtual en 2024. De los 168 millones de personas, se espera que el usuario promedio de realidad virtual pase una hora y cuarenta minutos cada día en la realidad virtual. La realidad virtual puede ayudar a las personas a recrear experiencias que no pueden tener en la vida real. Puede tratarse de caminar por la luna o hacer un viaje por un safari africano. Las personas pueden recrear experiencias que nunca tendrían en la realidad, y las empresas están utilizando esto en su beneficio. Estos son algunos de los beneficios de integrar la realidad virtual en su modelo de negocio.

1. Protección contra el fraude

Con la ayuda de la tecnología blockchain, las empresas pueden ver una mejora significativa en la protección contra el fraude. Blockchain es un libro de contabilidad descentralizado y distribuido que permite rastrear y verificar las transacciones que se realizan en la red. Cada transacción incluirá una marca de tiempo y un registro inmutable de dónde se enviaron los activos. Estos datos se almacenan en bloques que se adjuntan. La modificación de un bloque cambiará la versión actual de toda la cadena, lo que significa que, si alguien intentara crear una transacción fraudulenta, tendría que modificar todos los bloques que vienen después. Esto hace que la tecnología blockchain sea una excelente medida de seguridad.

2. Menores tasas de transacción

Dado que las transacciones de criptodivisas están descentralizadas, ya no tendrá que pagar elevadas tasas de transacción por enviar dinero de una persona a otra. Cuando envía criptodivisas, la transacción es verificada por un grupo de personas en la red que poseen poder de hashing. Esto acelera el proceso de verificación y le permite enviar dinero a quien quiera sin pagar a un intermediario por sus servicios.

3. Innovación

Con la ayuda del blockchain, las empresas pueden implementar la innovación en la empresa y en las personas. La tecnología blockchain utiliza un libro de contabilidad descentralizado para almacenar información digital. Esto permitirá que todos los usuarios de su red vean la misma versión de sus datos, por lo que no habrá discrepancias. Esto también significa que todas las personas de su red podrán actualizar el libro de contabilidad en tiempo real. Esta es una forma excelente para que las empresas se aseguren de que sus datos están seguros, actualizados y al día.

Empresas de realidad virtual

Algunas de las empresas más innovadoras están trabajando con la realidad virtual. Esto se debe a que la RV tiene el poder de revolucionar casi todas las industrias. Al utilizar la realidad virtual, las empresas pueden crear una experiencia totalmente nueva para sus clientes que nunca olvidarán. La realidad virtual se utiliza para ayudar a las personas a sentir cosas que no podrían sentir de otro modo. Algunos ejemplos de empresas de realidad virtual son:

1. Facebook

Facebook es una de las mayores redes sociales a nivel mundial, y está innovando constantemente. El Oculus Rift de la compañía ha recibido mucha atención porque parece algo sacado de la ciencia ficción. Con los auriculares de realidad virtual, puede tener una cita virtual con alguien que vive en otro país, o puede recorrer diferentes museos antes de hacer un viaje. Facebook ya ha empezado a utilizar sus Oculus Rift para permitir que la gente se reúna con otras personas en la realidad virtual. Incluso están desarrollando inteligencia artificial para ayudar a los usuarios a programar eventos y encuentros en realidad virtual.

2. Ford

Ford es una de las mayores empresas automovilísticas de Estados Unidos, y están trabajando para que sus vehículos estén más conectados. Están utilizando el poder de internet para conectar sus coches y camiones con dispositivos móviles y otros coches. Gracias a esta tecnología, Ford podrá reducir los accidentes y mejorar el consumo de gasolina. También podrán ofrecer una mejor experiencia de conducción a los clientes, lo que aumentará la fidelidad.

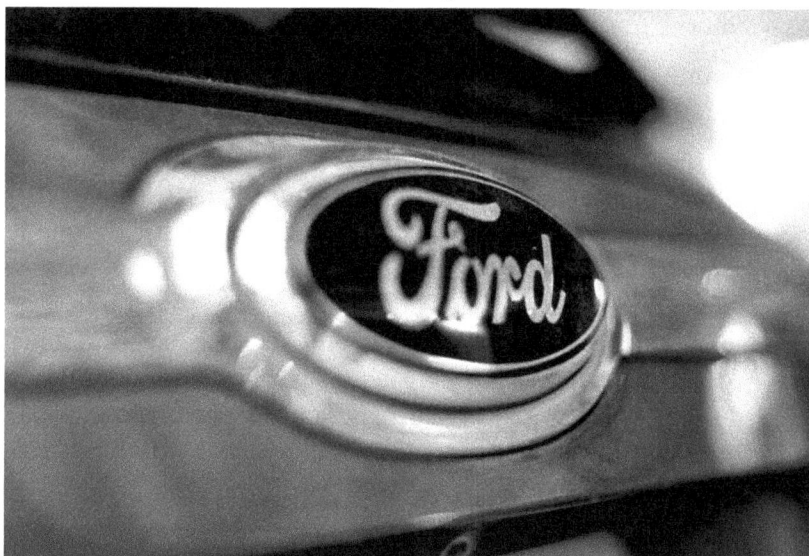

3. NASA

La NASA ha empezado a utilizar la RV para mejorar la vida de los astronautas que viven en el espacio durante varios meses. Esto mejorará la capacidad de los astronautas para realizar su trabajo, pero también podría cambiar la forma en que nos preparamos para los viajes espaciales en el futuro. Los investigadores podrán enviar simulaciones de RV de Marte y otros planetas del espacio para que los astronautas puedan entrenarse para la realidad utilizando la realidad virtual.

4. Disney World

Disneyland y Disney World son dos de los parques de atracciones más populares de Estados Unidos. Fueron de los primeros parques temáticos en utilizar la RV, lo que les permitió crear una experiencia totalmente nueva para sus consumidores. Utilizaron la tecnología en las atracciones para que los usuarios pudieran experimentar la realidad virtual y los mundos de ensueño sin salir del parque. Pronto utilizarán la RV para crear experiencias personalizadas para sus clientes y permitirles jugar en la realidad virtual.

Disney es uno de los mayores líderes del entretenimiento, y también está incorporando la realidad virtual a su modelo de negocio. Gracias a la colaboración de Disney con Pixar, la empresa ha creado una experiencia de realidad virtual para niños. Esta es una excelente manera de entusiasmar a los niños para que hagan un viaje a Disneylandia.

5. Sony

Sony es uno de los mayores líderes tecnológicos, y tiene varios estudios de realidad virtual. Están desarrollando constantemente nuevas tecnologías que permitirán a la gente experimentar la realidad virtual de formas totalmente nuevas. Una de las principales razones por las que Sony decidió entrar en la realidad virtual es porque se puede utilizar con la PlayStation 4. Esto permitirá a la compañía crear nuevas fuentes de ingresos, pero también podría proporcionar una plataforma completamente nueva para que los usuarios jueguen y experimenten mundos sin salir de sus casas. PlayStation VR permite a los jugadores adentrarse en diferentes mundos y sumergirse en experiencias 3D. El casco tiene forma de gafas, a diferencia del Oculus Rift, que parece más bien una máscara de alta tecnología. Esto hace que la PlayStation VR sea más inmersiva, pero también significa que es menos cómoda para algunos usuarios.

6. Juegos de RV de Ubisoft

Ubisoft es uno de los mayores innovadores en materia de juegos, y siempre están buscando nuevas tecnologías para utilizar en sus juegos. La compañía ha estado desarrollando diferentes juegos y experiencias de realidad virtual para llevarlos a los consumidores de todo el mundo. Creen que la RV será una plataforma ideal para los jugadores y los usuarios, por lo que han empezado a desarrollar nuevos juegos que se lanzarán con esta revolucionaria tecnología. Con el próximo lanzamiento de los cascos de realidad virtual, la empresa espera ver una nueva fuente de ingresos y un aumento de la demanda de sus juegos. Algunos de los mejores juegos de realidad virtual de Ubisoft son Star Trek: Bridge Crew, Eagle Flight y Werewolves Within.

7. Nintendo

Nintendo es una de las mayores compañías de juegos del mundo, y también fue una de las primeras en utilizar la realidad virtual en los videojuegos. Los jugadores podían sumergirse más en el juego utilizando unos auriculares, que les permitían sentirse como si estuvieran dentro del juego. Nintendo fue una de las primeras empresas en utilizar esta tecnología, y a menudo se le atribuye el mérito de haber contribuido a aumentar la popularidad de los juegos de realidad virtual.

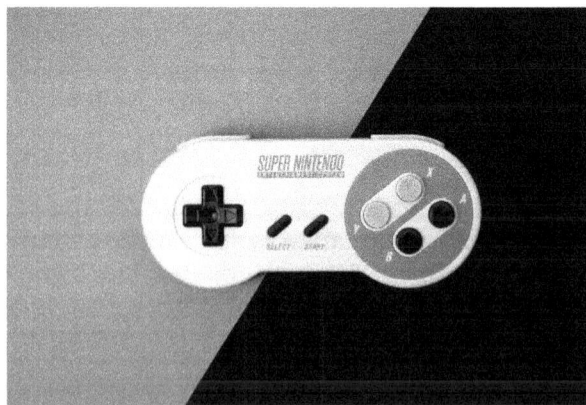

Como resultado de la popularización de los NFT y la RV, muchos otros estudios están creando ahora sus experiencias de realidad aumentada y virtual. Innovadores como Ubisoft, Sony y Nintendo están innovando constantemente en nuevas tecnologías, y tienen una ventaja significativa sobre sus competidores debido a la cantidad de dinero que tienen. Sony va a ser una de las primeras empresas en crear un sistema de realidad aumentada similar a las gafas que está probando Microsoft. Tendrá las mismas características que las HoloLens, pero será más accesible para los consumidores de todo el mundo.

Para muchas personas que trabajan en finanzas y tecnología, las criptomonedas son el futuro. La tecnología se está convirtiendo rápidamente en la corriente principal, y más empresas están buscando maneras de beneficiarse de ella. Ahora que las criptomonedas se están haciendo más populares, muchas empresas diferentes están buscando formas de integrarlas en sus modelos de negocio. La tecnología blockchain será una parte importante del futuro, y ya está empezando a afectar a la forma en que la gente interactúa con su dinero.

Cuando la realidad aumentada y la realidad virtual empezaron a ganar popularidad, las empresas se movieron rápidamente para asegurarse de que sus negocios pudieran sobrevivir. Algunas de las mayores empresas del sector del entretenimiento y la tecnología tenían una ventaja significativa sobre sus competidores debido a la cantidad de capital que tienen. Durante la próxima década, más empresas encontrarán nuevas formas de incorporar la realidad virtual a sus modelos de negocio. Al hacerlo, serán capaces de recuperar parte de la magia que los usuarios estaban buscando en sus juegos y en su vida cotidiana.

Capítulo 9: Riesgos potenciales y preguntas frecuentes

Al igual que el mundo real, el metaverso está lleno de riesgos. Puede resultar tentador invertir en los mercados del metaverso al igual que lo haría en el mundo real. Sin embargo, es un juego arriesgado, y si no sabe lo que está haciendo, podría perder mucho dinero.

Las criptomonedas han duplicado su valor este año, pero sigue siendo demasiado fácil perder dinero al invertir. Tras el meteórico ascenso del Bitcoin, ahora hay más de 1.200 criptodivisas disponibles para comprar, e incluso empresas establecidas como Kodak han lanzado sus propias versiones. Incluso para aquellos que entienden los riesgos que conlleva, comprar altcoins puede ser un proceso desalentador.

Las criptomonedas son arriesgadas. No hace falta entender cómo funciona la tecnología blockchain para darse cuenta de que el valor de las criptomonedas puede variar drásticamente de un día para otro. Basta con mirar la capitalización de mercado de Bitcoin para ver lo volátil que puede ser el cripto. Hace unos años, un Bitcoin valía menos de 1.000 dólares. Hoy en día, vale alrededor de 40.000 dólares, pero en ocasiones, su valor ha caído hasta un 10%. Este capítulo se centrará en los riesgos de invertir en criptodivisas y en las formas de evitarlos.

Los riesgos de las criptodivisas

Si está considerando invertir en criptodivisas, es importante entender los riesgos que conlleva. Aunque las monedas digitales tienen muchos aspectos positivos, como la facilidad de uso y la rapidez, hay que tener en cuenta algunos aspectos negativos importantes antes de decidirse a invertir. Estos son algunos de los mayores riesgos a los que se enfrentará al invertir en criptodivisas.

1. Regulación

La regulación de las criptodivisas varía según el país y aún está en sus primeras etapas. Esto significa que saber en qué se está metiendo y asegurar el cumplimiento de la normativa local es un requisito para invertir en criptodivisas. No hacerlo puede dar lugar a multas o incluso a la confiscación de su dinero digital. Cada país tiene su enfoque sobre las criptodivisas, y en algunos casos, como por ejemplo en China, ni siquiera se le permitirá comprarlas. Para ser responsable y evitar riesgos, debe asegurarse de entender la normativa vigente en su país y cumplirla. No hacerlo podría acarrear graves pérdidas económicas.

2. Volatilidad

La volatilidad de las criptodivisas está bien documentada y se discute con frecuencia. Sin embargo, nunca se insistirá lo suficiente en lo mucho que varían los precios de las criptodivisas. Hay muchos factores que afectan directamente al precio de una criptodivisa, incluyendo los informes de noticias e incluso los rumores sobre las monedas que se añaden a los intercambios populares. Las ICOs también tienen un impacto directo en el valor de las monedas existentes, ya que normalmente se emiten otras nuevas cuando se produce una ICO, lo que afecta a la oferta y la demanda de ciertas criptodivisas. Como con cualquier cosa en la que invierta, cuanto más sepa sobre las criptodivisas, mejor equipado estará para tomar decisiones informadas.

3. ICOs

Las ofertas iniciales de monedas (ICOs) son muy parecidas a las ofertas públicas iniciales (IPOs), excepto que ocurren en una plataforma de blockchain en lugar de una compañía que cotiza en una bolsa. Un inversor enviaría sus monedas a la plataforma y obtendría la nueva moneda de la empresa a cambio. La principal diferencia entre las IPOs y las ICOs es que las IPOs suelen estar reguladas, mientras que las ICOs pueden ser una fuente de blanqueo de dinero o algún otro delito financiero. Muchas empresas que hacen ICOs son auténticas estafas, por lo que debe hacer su debida investigación antes de invertir en una.

4. Investigación

Antes de decidirse a invertir en criptodivisas, debe hacer su debida investigación y cumplir con los siguientes criterios:

- Saber en qué se está metiendo.
- Entender la tecnología que hay detrás de la criptodivisa.
- Saber quién la dirige.
- Conocer los fundamentos de la inversión y su propósito en el mundo real.

- Entender para qué se utiliza su inversión y qué valor añade. Tenga en cuenta que algunas empresas de NFT son estafas y no deben ser tomadas en serio. Debe investigar antes de comprarles algo.

5. Aplicaciones actuales

Hasta que todo el mundo empiece a pagar con criptodivisas o una buena parte de la gente lo haga, su inversión no crecerá mucho. Esto significa que entender para qué se utiliza la criptodivisa en este momento es crucial. El Bitcoin tiene la mayor capitalización de mercado, pero también es más probable que lo utilicen delincuentes o personas que intentan evadir impuestos o financiar actividades del mercado negro. Aunque esto puede sonar muy bien, significa que su futuro no es necesariamente muy brillante.

6. Estafas de bombeo y descarga

Algunas empresas de NFT no son más que estafas. Esto significa que, en ocasiones, algunas de ellas bombean sus precios y venden tantas monedas como pueden antes de que los precios vuelvan a cambiar. En la mayoría de los casos, el precio baja varias veces después de que esto ocurra. Siempre debe investigar antes de invertir en algo, para no caer en este tipo de estafas.

7. Bombo publicitario

Cuando se trata de criptomonedas, el bombo publicitario juega un papel importante en los precios del mercado. Si, por ejemplo, se publican noticias muy positivas sobre una determinada moneda, es muy probable que su valor aumente porque mucha gente quiere comprarla. Por otro lado, si se publica algo negativo o simplemente no tan interesante sobre una criptodivisa, es probable que su precio disminuya.

8. Seguridad y regulación

Por ahora, la mayoría de las criptodivisas no están reguladas por los gobiernos y los bancos. Esto significa que es posible perder todo su dinero simplemente porque cometió un error y lo envió a otra persona. Además, muchas personas han informado de que sus carteras han sido hackeadas.

Dicho esto, la seguridad es algo de lo que los desarrolladores de criptomonedas son conscientes y están tratando de hacer algo al respecto. El principal problema con la regulación gubernamental es que a veces puede matar la innovación y abrir las puertas a la corrupción y las políticas injustas.

9. Comprar terrenos y objetos en el mercado del metaverso

A la hora de comprar terrenos o cualquier otro artículo relacionado con el metaverso, siempre es mejor tener la tranquilidad de comprar a través de sus sitios web oficiales. Aunque, en algunos casos, se pueden comprar objetos a otros jugadores en un trato privado, esto no es una buena idea cuando hay grandes cantidades de dinero en juego. Por eso siempre es mejor comprar en los sitios web oficiales. Si está interesado en comprar terrenos, debe saber que por el momento no es posible comprar todo el mundo. En su lugar, tiene que comprar 1 u 8 parcelas de terreno. También debe saber que una vez que decida comprar una parcela, su dinero estará bloqueado durante un mes, y si decide cancelar la transacción antes de ese tiempo, no recibirá un reembolso.

10. El futuro de las criptodivisas

El mercado de las criptodivisas se está desarrollando rápidamente y es muy prometedor. Ya se conocen los casos de uso de la tecnología blockchain y los empresarios están encontrando más formas de utilizarla. Por ejemplo, ahora es posible comprar bienes inmuebles utilizando criptodivisas. Sin embargo, aún es muy pronto, y es probable que los precios de las criptodivisas cambien mucho en el futuro. Esto significa que invertir en criptodivisas no es para los débiles de corazón.

En general, la criptomoneda es una inversión muy volátil que lleva asociados muchos riesgos. Sin embargo, a medida que la tecnología sigue avanzando, estos pueden ser mitigados, así como las nuevas oportunidades no solo surgirán, sino que también crecerán. Esto significa que lo mismo podría terminar siendo cierto para las criptomonedas también.

Preguntas frecuentes

¿Qué es una criptodivisa?

Las criptodivisas son un tipo de moneda digital que utiliza la criptografía para asegurar y verificar las transacciones. La blockchain actúa como un libro de contabilidad público que registra todas las transacciones realizadas por los usuarios. Por ello, las criptomonedas suelen denominarse monedas virtuales o monedas digitales.

¿Quién inventó la primera criptodivisa?

En 2008, la primera criptodivisa, Bitcoin, fue inventada por Satoshi Nakamoto, un seudónimo para una persona o grupo de personas anónimas. Desde entonces, ha habido muchas otras, como el Ether, y ahora las empresas han empezado incluso a crear sus propias criptodivisas.

¿Para qué se pueden utilizar las criptodivisas?

En lugar de pasar por un banco, las criptodivisas permiten realizar transacciones de igual a igual en las que el comprador y el vendedor están directamente conectados. Esto significa que las transacciones son instantáneas y no hay que pagar ninguna comisión. Las criptodivisas pueden utilizarse para comprar y vender cosas como terrenos, servicios y productos. Por el momento, todavía hay muy pocas oportunidades de utilizar criptodivisas para comprar artículos. Sin embargo, es probable que esto evolucione en el futuro. Esto significa que todavía es imposible utilizar criptodivisas en la mayoría de los lugares.

¿Se puede comprar criptodivisas con dinero normal?

Sí, es posible cambiar moneda fiduciaria por una criptodivisa. Sin embargo, esto sigue siendo difícil por el momento y probablemente lo seguirá siendo hasta que las criptodivisas se conviertan en algo más habitual. También se pueden utilizar criptodivisas para comprar otras criptodivisas, dependiendo de la que se desee. Las leyes que rodean esto no son siempre las mismas, por lo que es importante investigar.

¿Es seguro comprar criptodivisas?

La respuesta corta es que sí. Esto se debe a que el libro de contabilidad del blockchain se considera ampliamente irrompible y seguro. Sin embargo, esto no siempre significa que sus monedas o tokens permanecerán seguros. Esto se debe a que hay algunos riesgos asociados a este tipo de inversión. Por ejemplo, algunas criptomonedas pueden ser robadas. También hay riesgos asociados a la transferencia de dinero, por lo que a menudo se recomienda que solo compre criptodivisas con dinero que pueda permitirse perder.

En algunos casos, también es posible que algunas criptodivisas puedan ser hackeadas o sacadas de su cuenta si no tiene las características de seguridad necesarias. Por ejemplo, si no utiliza la autenticación de dos factores (2FA) o carteras con varias firmas, es probable que su cuenta sea hackeada.

¿Cómo se compran las criptodivisas?

Hay muchas formas diferentes de comprar criptodivisas. Sin embargo, es importante tener en cuenta que el proceso no es el mismo para todas las criptodivisas. Por ejemplo, algunas criptodivisas solo se pueden comprar en intercambios específicos o a través de transacciones entre pares. Esto significa que no hay una sola forma de hacerlo, sino varias. Muchos factores diferentes pueden afectar al precio. Por ejemplo, la popularidad de la criptodivisa y lo fácil que sea comprarla pueden afectar a su precio, especialmente si hay mucha demanda.

¿Cómo se venden las criptodivisas?

El proceso de vender criptodivisas es similar al de comprarlas. Diferentes criptodivisas pueden ser vendidas de diferentes maneras, lo que significa que el proceso no es el mismo para todas. Otras criptodivisas pueden tener que ser transferidas para que la venta se lleve a cabo, lo que significa que usted podría necesitar configurar una cartera.

Muchas personas pueden elegir vender su criptodivisa por dinero porque el precio ha aumentado significativamente. Sin embargo, esto dependerá de la criptomoneda y de su popularidad. Algunas criptodivisas serán más difíciles de vender que otras, dependiendo de dónde se coticen para su comercio.

¿Qué afecta al valor de una criptodivisa?

Muchos factores diferentes pueden afectar al valor de una criptodivisa. Es imposible decir cuál será el valor de cualquier criptodivisa en un año porque hay demasiadas variables. Algunos de los factores más comunes que afectan al valor son los siguientes:

- Las leyes que rodean a la criptodivisa

- La seguridad y la regulación pueden afectar al precio de una criptodivisa. Si es más fácil usar criptodivisas, esto podría hacer subir el precio. Si los gobiernos dificultan el uso de las criptodivisas, esto podría hacer bajar su precio

- La popularidad de la moneda

- La facilidad de uso de la criptodivisa

- La oferta de la moneda (es decir, cuántas monedas hay disponibles)

¿Cómo se determina el valor de una criptodivisa?

La forma más común de determinar el valor de una criptodivisa es a través de su capitalización de mercado. Esto se define como el precio de una moneda multiplicado por el número de monedas disponibles. Esto puede ayudarle a determinar si una criptodivisa vale su tiempo o su dinero porque le mostrará cuánta demanda hay para la moneda. Tenga en cuenta que esto no tiene en cuenta otras formas de valor, que pueden incluir el sentimiento del mercado, que es importante para entender cuánto valdrá una moneda. Esto puede incluir cosas como los casos de uso de la moneda y su papel en el mercado.

¿Cómo se compra un terreno en Decentraland?

Para comprar un terreno en Decentraland, necesita tokens MANA. Esta es la moneda utilizada en este mundo virtual. Es muy similar a otras criptodivisas porque es posible comprar tokens MANA con monedas fiduciarias como el USD. Sin embargo, antes de poder comprar cualquier cosa en Decentraland, debe crear una cuenta. También es posible que tenga que pagar una pequeña cuota. Puede hacerlo creando un monedero y transfiriendo tokens MANA al mismo.

¿En qué se diferencian las criptodivisas de otros tipos de inversión?

Algunas personas comparan las criptodivisas con otros tipos de inversiones porque pueden generar un beneficio. Sin embargo, hay varias diferencias importantes entre las criptomonedas y otros tipos de inversiones. Entre ellas se encuentran las siguientes:

- Las criptodivisas son extremadamente volátiles, lo que significa que son más arriesgadas que otros tipos de inversiones. Esto puede incluir las empresas de ladrillo y mortero.

- El mercado de las criptodivisas es todavía nuevo, lo que significa que pueden surgir nuevas monedas. Al mismo tiempo, también es posible que las criptodivisas desaparezcan.

- Muchas criptodivisas se consideran estafas, lo que significa que existen riesgos relacionados con la inversión.

- Las regulaciones que rodean a las criptodivisas todavía se están desarrollando, lo que significa que el mercado puede cambiar muy rápidamente.

Cómo minimizar los riesgos

Invertir en criptodivisas es una gran oportunidad para muchas personas. Sin embargo, también es extremadamente arriesgado. Es importante aprender todo lo posible sobre la criptodivisa y la inversión antes de decidir invertir en una criptodivisa específica o comprar un terreno en Decentraland. Esto le ayudará a entender las oportunidades y los riesgos. Cuanto más aprenda sobre la criptomoneda, menos arriesgada será su inversión. Por ejemplo, si aprende sobre la criptomoneda y cómo detectar las estafas, es mucho menos probable que pierda su inversión. La mejor manera de minimizar los riesgos es investigar. También es esencial entender cómo funciona la criptodivisa y los riesgos potenciales asociados a ella. Cuando compre terrenos de Decentraland, visite siempre el sitio web oficial. Esto reducirá el riesgo de ser estafado porque es posible autentificar las compras allí.

Invertir en criptodivisas tiene muchas ventajas, pero también hay importantes desventajas. Dos de los mayores riesgos son las estafas y la volatilidad. Antes de realizar cualquier inversión, infórmese todo lo posible sobre la moneda. Esto le ayudará a entender los pros y los contras de su posible inversión. Invertir en criptodivisas es una gran oportunidad para muchas personas porque puede ayudarles a generar un beneficio. Debe investigar todo lo posible y comprar solo en los sitios web oficiales para reducir el riesgo. Tenga en cuenta que cuando se trata de invertir en artículos relacionados con el metaverso, siempre debe visitar el sitio web oficial.

Capítulo 10: ¿La clave del futuro?

El metaverso es una experiencia compartida, muy parecida a internet. Es una realidad virtual que permite a los usuarios interactuar con objetos y otros usuarios. Puede que no sea capaz de sustituir al internet por completo, pero sin duda puede complementarlo como una nueva forma de redes sociales. Aunque la tecnología está todavía en sus primeras fases, su potencial de crecimiento es enorme.

Según MarketWatch, solo en China 112 millones de personas han utilizado ya auriculares de RV para acceder a juegos en línea y otros contenidos. Se trata de un mercado enorme que nadie ha aprovechado todavía. El futuro de la RV traerá consigo nuevas oportunidades de educación y empleo y de entretenimiento y utilidad. El metaverso, construido sobre la tecnología blockchain, puede proporcionar todo esto y más. En este capítulo se hablará del futuro de la RV, de lo que puede significar para la sociedad y de cómo la tecnología blockchain hará posible exactamente la RV.

La expansión del metaverso

El metaverso es un universo digital que permite a los usuarios sumergirse en mundos virtuales con infinitas posibilidades. Al igual que internet tomó el mundo por asalto hace casi tres décadas, la RV ha tomado esa misma velocidad de revolución en el siglo XXI. El futuro de internet es aún indeterminado, pero cabe suponer que seguirá expandiéndose y evolucionando con el paso del tiempo. La RV puede ser al menos tan revolucionaria como lo fue internet en sus inicios, si no más. Muchas personas ya utilizan auriculares de RV para consumir contenidos multimedia e interactuar con otras personas desde sus casas.

Una nueva generación de cascos de realidad virtual está saliendo al mercado, lo que hace que el nivel de inmersión sea aún mayor para los consumidores, que pueden visitar salas de chat en línea o participar en experiencias educativas que antes habrían sido imposibles. Aunque esta tecnología pueda parecer futurista, las empresas tecnológicas ya la utilizan ampliamente con fines formativos. Según Entrepreneur, IBM utiliza la RV para formar a sus empleados en nuevas habilidades laborales, como la codificación, completando diversas tareas dentro de una versión simulada del entorno de trabajo real.

El futuro del metaverso depende de dos cosas: el hardware y el contenido. Cuantos más auriculares de realidad virtual se vendan, más se liberará su potencial. Si la RV consigue alcanzar una masa crítica, el metaverso podría llegar a ser tan grande como la propia internet. La cuestión del contenido es otro aspecto importante. La realidad virtual tiene inmensas posibilidades en la educación y la formación, pero también tiene un gran valor de entretenimiento. Los videojuegos son solo el principio de lo que se puede hacer con la realidad virtual. Imagine poder visitar museos, asistir a conciertos o dar paseos meditativos por el bosque sin salir de la comodidad de su casa.

Lo único que la realidad virtual aún no tiene es la tecnología blockchain. Aunque los cascos de RV pueden simular experiencias y entornos, no pueden conectarse entre sí como lo hace internet. La tecnología blockchain puede proporcionar esa conexión utilizando libros de contabilidad digital y contratos inteligentes para sincronizar todo. El metaverso, una nueva plataforma que acaba de ser lanzada, utiliza la tecnología blockchain para enlazar múltiples universos virtuales en un metaverso.

El futuro del metaverso

Desde que se creó internet, ha habido muchos intentos de crear una realidad alternativa utilizando el poder de los juegos multijugador. El mundo de Azeroth en World Of Warcraft es uno de esos ejemplos. Sin embargo, estos otros mundos no pudieron alcanzar su potencial debido a la falta de una moneda basada en blockchain que hiciera posible que la gente se conectara y comunicara entre sí a través de múltiples plataformas.

El metaverso ha llevado esta tecnología un paso más allá, creando una moneda en el metaverso que puede utilizarse en muchas plataformas de RV diferentes. La tecnología aún tiene un largo camino que recorrer antes de poder ofrecer experiencias inmersivas que conecten varios universos virtuales en uno solo. Sin embargo, el metaverso va por buen camino al permitir a sus usuarios monetizar sus contenidos y comprar productos dentro del mercado.

Por el momento, no existen auriculares que puedan conectarse entre sí. Aunque puedan simular experiencias inmersivas, no pueden interactuar dentro del mismo espacio debido a las limitaciones del hardware. Sin embargo, a medida que la tecnología avanza y más empresas como Microsoft y Apple lanzan sus propios auriculares, veremos una carrera que dará lugar a una innovación más rápida y mejores productos.

Cuando la realidad virtual se combine con la tecnología blockchain, se desbloqueará su verdadero potencial. El metaverso tiene la oportunidad de convertirse en una de las tecnologías más disruptivas del mundo si consigue alcanzar una masa crítica en la que su efecto de red pueda ofrecer un amplio abanico de posibilidades a sus usuarios. Puede que estos primeros intentos de crear un mundo virtual que se vincule con el mundo real sean solo el principio de algo mucho más grande.

Estamos entrando en una nueva era en la que los juegos alcanzarán todo su potencial utilizando la tecnología blockchain y creando un universo interconectado de mundos virtuales. La capitalización del mercado del metaverso dentro de las criptomonedas es actualmente de 35 a 50 mil millones de dólares. Existe la posibilidad de que llegue a 1 billón de dólares, por lo que todavía tiene un enorme margen de crecimiento.

La realidad virtual aún está en pañales, pero tiene el potencial de convertirse en un fenómeno de los deportes electrónicos que podría llegar a convertirse en la corriente principal. Aunque los cascos de realidad virtual se consideran actualmente productos caros que necesitan ordenadores de gama alta para funcionar correctamente, las versiones futuras serán más accesibles y asequibles para el consumidor medio. Las tecnologías avanzan a un ritmo exponencial. La realidad virtual será probablemente la próxima gran novedad en términos de juegos y entretenimiento en los próximos diez años. El metaverso está actualmente infravalorado y probablemente subirá en los próximos dos años a medida que la RV se generalice.

Desbloquear el potencial del metaverso

El futuro del metaverso es extremadamente brillante. Una vez que se vincule con la realidad virtual y la tecnología blockchain, estaremos ante un tipo de experiencia de juego totalmente nuevo. Si quiere invertir en el metaverso o en cualquier otra moneda virtual, debe investigar y ver qué monedas tienen más potencial. Aparte de eso, es probable que pronto veamos grandes cosas con el metaverso y la tecnología blockchain. Aquí hay algunos campos que el metaverso podría ayudar a revoluciona:

1. Educación

Imagine aprender sobre la historia y visitar museos desde cualquier lugar sin necesidad de salir de casa. Con la realidad virtual, esto ya es posible en algunos ámbitos. El metaverso permitirá a la gente hacer excursiones e incluso participar en experimentos educativos que no podrían realizarse de otra manera. Desde la biología hasta la mecánica intrincada, la RV podrá enseñar a la gente sobre todas las materias de una manera que nunca se ha hecho antes. El potencial del "edutainment" es enorme, especialmente cuando se trata de la educación de los niños.

El metaverso no es solo para el ocio; también ayudará a la gente a recordar mejor las cosas. Será una forma estupenda de tomar apuntes. La gente podrá ir a las aulas virtuales y explorar todas las posibilidades que ofrecen estos lugares. También podrán aprender diferentes idiomas, practicar problemas matemáticos y mucho más. El metaverso ayudará a los estudiantes a conectarse con sus profesores de una forma que nunca antes se había hecho. Ayudará a las personas a conocer diferentes culturas y a ampliar sus horizontes de una forma que nunca ha sido posible.

El aprendizaje en el aula se revolucionará. Los profesores podrán dibujar diagramas en una pizarra virtual y los alumnos podrán participar en sesiones de grupo sin ni siquiera salir de casa. Ya estamos empezando a ver el comienzo de cómo la RV revolucionará la educación, pero esto es solo la punta del iceberg. A medida que pase el tiempo, se introducirán nuevos tipos de campos, se producirán nuevos tipos de aprendizaje y a más personas les resultará más fácil aprender.

2. Trabajo a distancia

Una de las mayores promesas que ofrece el metaverso es permitir que la gente trabaje en cualquier parte del mundo.

¿A quién no le gustaría vivir en una isla tropical y trabajar desde casa? Con el metaverso, esto es posible. Las oficinas virtuales permitirán a la gente reunirse con clientes y compañeros de trabajo en un espacio virtual. Todos los tipos de negocios se beneficiarán de ello. Las personas que no puedan vivir en las ciudades o que simplemente quieran tener su propio espacio privado podrán trabajar con poca dificultad.

La RV cambiará la forma de trabajar. En la actualidad, miles de puestos de trabajo se externalizan a otros países simplemente porque hay zonas con un coste de vida más bajo. Es probable que esta tendencia continúe, pero la realidad virtual cambiará esta situación. Permitirá a la gente trabajar en la oficina sin salir de casa. En lugar de vivir en una ciudad, podrá trasladarse a una zona rural o incluso seguir viviendo en su pueblo. Podrá reunirse con clientes y compañeros de trabajo en el metaverso. Las posibilidades son infinitas.

3. Atención sanitaria

La tecnología de realidad virtual se utiliza para tratar el trastorno de estrés postraumático, la ansiedad, las fobias y toda una serie de enfermedades mentales. Resulta muy útil para las personas que sufren estos trastornos porque puede ofrecerles un lugar seguro para tratar sus problemas y aprender a superarlos. Con el tiempo, esta tecnología ayudará a las personas a superar todas estas afecciones enseñándoles a lidiar con el estrés de forma segura.

Pero lo más prometedor es que la RV podría permitir a la gente vivir más tiempo y con más salud. Imagine tener la posibilidad de explorar una ciudad antigua sin salir de casa. Puede recorrer las calles y ver los lugares emblemáticos sin tener que estar allí. Esto también es útil para las personas que están física o mentalmente incapacitadas para realizar ciertas actividades.

El metaverso ayudará a las personas a llevar una vida más saludable. La tecnología podría ayudar a controlar el ritmo cardíaco, los niveles de oxígeno, la temperatura y otras constantes vitales, lo que permitiría detectar más fácilmente los problemas antes de que se agraven. Los médicos podrán controlar a los pacientes a distancia y medir su evolución de una forma que nunca se ha hecho antes. El metaverso permitirá a las personas hacer muchas cosas sin necesidad de salir de la comodidad de sus hogares.

4. Juego

El metaverso permitirá a la gente tener una experiencia inmersiva con sus juegos favoritos, pero es mucho más que eso. La realidad virtual ha abierto una forma totalmente nueva de jugar. En lugar de sentarse en el sofá y jugar a un juego solo con los ojos y un mando, puede sentirse como si estuviera dentro del juego. Esto hace que la experiencia sea mucho mejor porque es mucho más envolvente.

La gente ya no quiere salir a la calle. Es demasiado peligroso, y hay pocas cosas que hacer cuando se sale a la calle. El metaverso promete cambiar eso. Imagine ir a un safari de realidad virtual y ver las maravillas de diferentes partes del mundo sin tener que salir de su casa. Puede hacer las cosas que siempre ha soñado sin preocuparse por el dinero, el tiempo o el peligro.

El metaverso cambiará el mundo de los juegos. El nivel de inmersión y la cantidad de posibilidades llevarán esta tecnología a un nivel completamente nuevo. Todo, desde los juegos deportivos hasta los de acción o los de estrategia, se beneficiará del mundo de la realidad virtual. Es una nueva frontera del juego que abrirá innumerables puertas nuevas.

5. Redes sociales

El metaverso está dando la oportunidad de reinventar las redes sociales. Facebook y Twitter son útiles, pero a veces pueden resultar muy limitadas. Con la realidad virtual, puede hablar con la gente en tiempo real sin necesidad de estar en el ordenador. Puede ver su cara y su lenguaje corporal, lo que lo hace aún más similar a la comunicación cara a cara.

Lo que es aún mejor es que puede experimentar cosas con estas personas. Puede pasear por la ciudad, explorar diferentes terrenos, tener citas virtuales y mucho más. Todo esto se puede hacer en tiempo real con personas de todo el mundo. Nunca se aburrirá del metaverso porque le permitirá hacer tantas cosas diferentes con tantas personas diferentes. El metaverso es algo más que conocer gente nueva. Puede vivir en cualquier parte del mundo y hacer muchas cosas sin salir de su casa. Le dará algunas de las experiencias más ricas y completas de su vida.

6. Maximizar la eficiencia

Nunca es bueno pasar demasiado tiempo detrás de un escritorio. Estar sentado en la misma habitación durante horas puede provocar problemas de circulación y de espalda/articulaciones. Por eso las empresas de todo el mundo están buscando la realidad virtual para solucionar estos problemas.

La realidad virtual tiene muchos usos en el lugar de trabajo, ya sea para formar a nuevos empleados o para ayudar a la gente a realizar su trabajo de forma más eficiente. Por ejemplo, los arquitectos pueden utilizar la realidad virtual para crear modelos 3D de todos sus proyectos y mostrarlos a los clientes potenciales sin necesidad de esperar a los planos. Es mucho más rápido y sencillo.

Pero no se limita a los arquitectos. Los ingenieros, los médicos, los científicos y muchas otras personas pueden beneficiarse del metaverso para mejorar su eficacia. Todo, desde la enseñanza a la investigación o la comunicación con clientes actuales y potenciales, puede hacerse de forma mucho más eficaz en la realidad virtual. La eficiencia es la clave del éxito en los negocios, por lo que muchas empresas están invirtiendo en el metaverso.

7. Expandir la mente

La educación enseña a la gente cosas nuevas y amplía sus horizontes. El metaverso promete hacer ambas cosas de una manera que nunca antes fue posible. Imagine recorrer la antigua Roma sin tener que hacer un viaje a través del mundo. Imagine estudiar la selva tropical sin tener que ir a un peligroso safari.

Esto y mucho más se puede hacer con la realidad virtual. Desde dar un paseo por la Gran Muralla China hasta aprender las complejidades de la física cuántica, las posibilidades son infinitas. Cualquier cosa que quiera aprender, puede hacerlo en la realidad virtual. Y lo mejor es que puede hacerlo con otras personas. Puede mantener conversaciones con personas de todo el mundo sobre lo que está estudiando y aprender aún más de esa manera.

Esto es solo un breve vistazo a los beneficios potenciales de la realidad virtual. A medida que pase el tiempo y se realicen más innovaciones, la realidad virtual será aún más beneficiosa. Esto es lo que la convierte en una tecnología tan revolucionaria. El metaverso es el futuro de los juegos, las redes sociales y la educación. Permite posibilidades ilimitadas que simplemente no podían existir antes. La realidad virtual es la tecnología más importante de nuestro tiempo, una tecnología que dará forma al futuro de innumerables maneras durante los próximos años. Los desarrolladores de todo el mundo están entusiasmados con el futuro, y usted también debería estarlo. ¡El metaverso no ha hecho más que empezar!

Conclusión

"Podremos sentirnos presentes: como si estuviéramos al lado de las personas sin importar lo lejos que estemos". - Mark Zuckerberg

El metaverso es uno de los conceptos más discutidos de la tecnología actual. El término fue acuñado por Neal Stephenson en su novela de ciencia ficción de 1992, Snow Crash. En la novela, Stephenson imagina una realidad virtual que va más allá de lo que creemos posible en la actualidad: un espacio en 3D en el que las personas pueden compartir experiencias e interactuar como si estuvieran en el mismo lugar.

A medida que nos acercamos a un futuro cada vez más dominado por la tecnología, es natural que el metaverso, un mundo virtual multifacético en el que algún día podríamos habitar, haya suscitado un interés tan intenso. Pero, ¿qué es exactamente el metaverso y cómo influirá en nuestras vidas?

Este libro explora los componentes clave del metaverso, desde la realidad virtual y la realidad aumentada hasta las criptomonedas y los NFT. También hablamos del impacto que tendrá en las empresas y discutimos los posibles riesgos que podrían surgir a medida que avanzamos hacia este nuevo futuro digital. El metaverso es un concepto del que se lleva hablando más de 20 años. Sin embargo, todavía no se ha hecho realidad del todo. En este momento, la realidad virtual es la mejor manera de "visitarnos" virtualmente. Sin embargo, esta tecnología está todavía en una fase muy temprana.

Con la introducción de la web 3.0, avanzamos hacia un mundo en el que nuestras interacciones virtuales serán más personalizadas. Y es que la web 3.0 no se limita a la realidad virtual, sino que también tiene que ver con el blockchain. La tecnología blockchain hace posible la criptomoneda y nos introduce en una forma completamente diferente de intercambiar objetos de valor. En el futuro, todas nuestras interacciones en la web requerirán una forma de pago, ya sea tan simple como leer un artículo o tan involucrada como los juegos de realidad virtual. Aquí es donde entran en juego las criptomonedas y los NFT, y por eso son tan interesantes.

El primer capítulo de este libro hablaba de lo que es el metaverso, y examinamos sus componentes en los capítulos siguientes. En el segundo capítulo se analizó la realidad virtual y cómo puede crear una experiencia totalmente envolvente para los usuarios. El tercer capítulo hablaba de la realidad aumentada, en la que el usuario sigue siendo consciente de su entorno, pero el mundo virtual se superpone.

El cuarto capítulo introduce la web 3.0 y explora cómo lleva este mundo virtual a la web. También hablamos de lo que esto significa para las empresas y de cómo puede utilizarse para aumentar la interacción con el usuario, reducir los costes y, en última instancia, aumentar los ingresos. El siguiente capítulo exploró las criptomonedas y los NFT, y vimos cómo estos dos conceptos basados en blockchain jugarían un papel importante en el futuro del metaverso.

En el sexto capítulo examinamos cómo los NFT pueden personalizar las interacciones virtuales, y vimos las posibles desventajas de estos activos. En el séptimo capítulo, hablamos de cómo ganar dinero en el metaverso. El octavo capítulo se centró en las repercusiones que este nuevo mundo digital multifacético tendrá en las empresas. En el noveno capítulo se habló de los riesgos de entrar en este nuevo espacio. Y, por último, en el décimo capítulo se habló de lo que todo esto significa para nuestro futuro.

Teniendo en cuenta el impacto que las criptomonedas y los NFTs tendrán en nuestras vidas en el futuro, vale la pena preguntarse si tendrán o no un papel en el metaverso. Para ser sinceros, hay muchas razones por las que todavía no pueden sustituir al dinero fiduciario, pero eso no significa que no puedan hacerlo en el futuro. Todavía estamos en las primeras etapas de la criptodivisa, y todavía hay mucho que explorar. Hay que resolver muchos problemas antes de que las criptomonedas se conviertan en la corriente principal, pero el impacto potencial de esta tecnología es enorme.

Segunda Parte: NFT para Principiantes

Una Guía Esencial para Comprender e Invertir en Tokens No Fungibles y Criptoarte

Introducción

Este libro trata sobre tokens no fungibles (*NFT*) y cómo han conquistado el mundo *y han llegado para quedarse.* Aprenderá cómo beneficiarse de invertir en estos tokens o tener los suyos propios. Descubrirá lo que depara el futuro para estos tokens respaldados por el blockchain y aprenderá cómo posicionarse para aprovecharlos. Al contrario de lo que dicen algunas personas, estos no son solo archivos JPEG. Ellos son el futuro, y el futuro es *ahora.*

Escrito en un lenguaje que es muy fácil de entender, este libro le brindará toda la información vital que necesita sobre los NFT, desde qué son hasta cómo puede invertir y cómo mantenerse seguro mientras lo hace. Este es un libro para principiantes que es fácil de entender y ofrece instrucciones prácticas cuando es necesario.

El mundo está cambiando rápidamente, y aunque no hay manera de decir con seguridad cómo será durante la próxima década, puede apostar que los NFT desempeñarán un papel aún más importante en la forma en que hacemos negocios, manejamos la salud y nos ocupamos de nuestras vidas diarias. Es inteligente saber cómo podrían ser esos cambios y cómo puede ser parte de ellos. Piense en esto: tener conocimiento de NFT podría ser como descubrir Bitcoin en 2009. Podría haber comprado al menos 1000 y olvidarse de ellos. No hace falta decir que sería muy feliz ahora mismo.

Por lo tanto, con la información de este libro, podría estar bien encaminado para hacer que suceda algo mágico, ya sea como inversionista o como creativo. Si está listo para descubrir de qué se trata realmente todo este negocio de NFT, ¡comencemos!

Capítulo 1: Entonces, ¿Qué es un NFT?

¿Qué es un NFT, exactamente? Los NFT son *Tokens No Fungibles*. Puede pensar en ellos como algo que puede recolectar, intercambiar o incluso usar en juegos. Son activos virtuales que funcionan de forma similar a las criptomonedas, pero con muchas ventajas frente a las tarjetas físicas.

Por un lado, dado que son activos digitales en el blockchain, los NFT no tienen tarifas asociadas con la impresión o el envío. Además, debido a que los NFT son activos programables, se pueden crear de varias maneras y ofrecen muchos casos de uso nuevos.

Quizás esté pensando, ¿cómo puede intercambiar un token no fungible? ¿Qué sucede cuando se produce una transacción? Digamos que Alice compra un NFT de Bill usando Ether (una criptomoneda basada en Ethereum). Cuando la transacción de Ethereum se envía a la red blockchain, ella no ha enviado todo su Ether a Bill. De hecho, lo que sucede es que Bill envía un contrato inteligente a Alice y le dice: "ahora puedes usar mi NFT". En otras palabras, cuando ocurre una transacción, todo lo que puede hacer es darle un NFT a alguien, y la *propiedad del token* será transferida. No se puede transferir el valor real de un NFT a otra persona.

Entonces, ¿por qué los tokens no fungibles son tan interesantes? Los Tokens No Fungibles (NFT) tienen muchas características que los convierten en una clase interesante de activos. La primera es que pueden intercambiarse libremente, lo que le da a los NFT la capacidad de usarse en juegos y contratos inteligentes. Además, debido a que se almacenan en el blockchain y pueden ser propiedad de una o más personas, ofrecen estabilidad y aseguran que alguien tenga la propiedad de un artículo.

NFT: No Son Una Estafa

Los NFT, o "tokens no fungibles", no son una estafa. Son la clave para el primer caso de uso de la tecnología blockchain y se hacen cargo de los activos digitales tradicionales. Si bien los NFT se han comparado con coleccionables digitales, acciones e incluso tokens contra el lavado de dinero como una herramienta para rastrear objetos valiosos en el blockchain, estas comparaciones solo pueden llegar hasta cierto punto.

Los NFT (tokens no fungibles) son un nuevo activo digital altamente popular en el blockchain. Pueden representar cualquier cosa, desde un pagaré hasta acciones de una empresa o incluso bienes físicos como lingotes de oro. Es por eso que también se les conoce como "coleccionables digitales".

Pero, ¿es esta nueva moda una estafa más?

La respuesta corta es *no*. Sin embargo, ciertamente existen algunos riesgos asociados con los NFT que debe tener en cuenta antes de invertir demasiado en la tendencia más popular de criptoactivos. Hablaremos de estos en un capítulo posterior.

La Diferencia entre Fungible y No Fungible

La diferencia entre fungible y no fungible es tan clara como el agua. Aunque las dos palabras se usan generalmente para describir diferentes *tipos* de cosas, existe una diferencia fundamental. El término *fungible* implica unidades intercambiables de una cosa que se consideran idénticas. Por ejemplo, suponga que tiene 10 monedas de oro en su poder. En ese caso, se pueden cambiar fácilmente por otras 10 monedas de oro debido a que son idénticas.

Otro ejemplo de fungible: un lugar de estacionamiento en un estadio se puede reemplazar con cualquier otro estacionamiento en ese estadio, asumiendo que ambos lugares son del mismo tamaño. Entonces, ese lugar es *fungible* porque puede ser reemplazado por cualquier otro lugar de estacionamiento del mismo tamaño (en ese estadio) sin cambiar la esencia de lo que es. Por otro lado, si presta su automóvil, espera que le devuelvan exactamente ese automóvil, no otro de la misma marca y modelo. Los artículos únicos son *no fungibles.*

Los NFT generalmente se asocian con la idea de no fungibilidad, un término derivado de la economía de Bitcoin, en el que un activo digital no es intercambiable con otro. Desde una perspectiva criptoeconómica, la no fungibilidad se refiere a la ausencia de oportunidades de arbitraje cuando el acceso a un activo es limitado.

El Valor de los NFT

Los tokens no fungibles (NFT) son una clase de activos digitales que varían en calidad. No son intercambiables, lo que significa que cada unidad es única para el propietario. Puede comprar, vender, recolectar o intercambiar NFT como lo haría con acciones o tarjetas de béisbol. Los NFT a veces se denominan tokens "ultra raros" porque no se pueden copiar infinitamente a voluntad, al igual que en el caso de las monedas digitales regulares como Bitcoin y Ethereum.

Cualquiera puede crear tokens no fungibles (NFT) y no están restringidos por ningún mercado o intercambio único. Estos tokens tienen un contrato inteligente correspondiente, que se puede transferir, comercializar e intercambiar. Por eso, la tecnología blockchain que protege a los NFT fue diseñada específicamente para ellos.

Estos activos digitales se consideran evolutivos en comparación con las criptomonedas tradicionales porque tienen un valor tangible. Muchos usuarios han dicho que los NFT tienen un gran potencial y podrían convertirse en la próxima gran novedad en el mundo financiero. En una era en la que la tecnología de blockchain se está abriendo camino dentro de las vías más tradicionales, más empresas pueden crear activos digitales únicos para atraer clientes.

El valor de los NFT fluctúa según la oferta y la demanda. Debido a que la oferta y la demanda son dos factores, el aumento o disminución del precio puede ser gradual o drástico. Si la demanda de NFT es alta, el precio subirá y si la oferta es baja, el valor del activo caerá.

Como puede ver en lo anterior, los NFT se diferencian de las criptomonedas tradicionales como Bitcoin en que tienen un valor tangible. También son diferentes de los tokens de los primeros días de la tecnología blockchain porque tienen características más específicas. Estos activos digitales tienen valor porque no son solo tokens digitales, sino también *artículos físicos.*

Debido a que los NFT tienen mucho valor, se transferirán entre todo tipo de plataformas y dispositivos para crear billeteras virtuales. Estas billeteras se pueden crear y usar en la mayoría de las plataformas que admiten criptomonedas, incluyendo los dispositivos iOS y Android. También hay exploradores de bloques que permiten a los usuarios ver su saldo y transferirlo desde otras plataformas si así lo desean.

Aunque los NFT se pueden almacenar en un blockchain, se pueden almacenar en otras plataformas. Debido a esto, puede haber algunas empresas que prefieran almacenar sus NFT en una plataforma tradicional. La empresa que creó el NFT tendría la capacidad de transferirlo de un blockchain a otros sistemas. Esta no es una tarea fácil debido a lo seguro que es el blockchain y lo complicado que puede llegar a ser mover activos entre diferentes sistemas.

La Relación entre los NFT y Ethereum

Ahora discutamos la conexión entre los NFT y Ethereum. Si un blockchain utiliza tokens por su funcionalidad y capacidad de distribución, los NFT integrados en la red permitirán a los usuarios utilizar ciertas funciones de sus respectivas redes. Pero, ¿qué es esta relación? Los NFT pueden interactuar entre sí a través de contratos inteligentes sin terceros.

La implementación de contratos inteligentes en Ethereum, incluido ERC 20, permite el uso de NFT dentro de la red Ethereum. Sin embargo, para interactuar entre ellos, necesitan tener un token conectado como ETH o NFT porque los NFT también tienen su propio token. No es solo el uso de tokens lo que importa aquí; también es el contrato que muestra cómo los usuarios interactuarán entre sí.

Entonces, ¿qué hace que los NFT sean importantes en Ethereum? Para responder a esta pregunta, hay que mirar a Ethereum y sus versiones anteriores, es decir, Ethereum clásico, etc. Ether es el combustible de Ethereum, y permite a los usuarios pagar tarifas y usar la red. ¿Pero cómo funciona? Básicamente, los usuarios deben pagar tarifas y a cambio pueden usar la red para sus necesidades. Este es el caso de todas las demás redes donde los usuarios tienen que pagar por los servicios. El problema aquí es que

Ether tiene un suministro limitado, es decir, no inflacionario. Esto significa que con una oferta limitada, los precios de los productos y servicios aumentarán con el paso del tiempo. La utilidad de Ether también disminuye porque, a medida que más usuarios comiencen a usar la red, será menos útil para cada usuario debido al alto tráfico de red. Por lo tanto, existe la necesidad de encontrar otra solución para reemplazar el Ether de Ethereum o actuar como una moneda complementaria.

El token NFT se puede introducir aquí, que funciona de manera similar a Ether. La única diferencia es que no hay limitación en el suministro. Eso significa que pueden crearse infinitamente sin preocuparse por problemas inflacionarios. Esto es crucial porque una criptomoneda con suministro infinito será ideal para transacciones si hay mucho tráfico en la red. Ethereum y Ether tampoco son inflacionarios, por lo que los precios de los productos y servicios aumentarán con el paso del tiempo. Agregar otra moneda cuyo suministro no esté limitado resolverá estos problemas y brindará una mejor utilidad y conveniencia a los usuarios de Ethereum.

El segundo aspecto importante es que los NFT pueden representar diferentes tipos de activos, a diferencia del Ether, que solo representa Ether. Esto permite que los NFT se utilicen en contratos inteligentes, intercambios descentralizados y otras áreas. Estas son las áreas que la gente tiende a considerar cuando busca una alternativa viable a Ether.

A diferencia de otros tipos de activos y criptomonedas, un aspecto importante de los NFT es que tienen un suministro fijo, es decir, son no inflacionarios. Los desarrolladores de Ethereum están de acuerdo en este aspecto crucial, sabiendo que la inflación haría que el precio de ETH aumente regularmente. A su vez, esto causaría problemas en su sistema debido a la alta tasa de rotación de su moneda. Por lo tanto, será más fácil para ellos aceptar los NFT como alternativa porque su sistema no se verá afectado por la inflación. También será más fácil para ellos solucionar los problemas derivados de los NFT cuando llegue el momento, es decir, con un alto tráfico de red.

Por último, pero no menos importante, los NFT se pueden usar como una representación para los usuarios de manera no fungible.

Cuando llegue el momento, los desarrolladores de Ethereum pueden optar por los NFT para que los represente en su sistema, es decir, a través de la recuperación de cuentas, intercambio descentralizado, etc. La razón detrás de esto se basa en la dificultad de verificar cada identidad de Ethereum debido a su naturaleza compleja, y en diferenciar entre todas las identidades disponibles en la red. Entonces, los NFT se pueden usar aquí porque son únicos. No es necesario verificar la identidad de uno para crear un NFT. Solo requiere un historial único de la transacción: el historial de propiedad de ese activo.

La relación entre NFT y Ethereum es muy interesante. Usar Ethereum en el futuro será cada vez más difícil. Esto se debe a que muchas otras redes tienen menos problemas y tecnología menos complicada, como NEO y Cardano, que se pueden usar como una alternativa, es decir, para resolver problemas comunes de red como alto costo de transacción, depósito en garantía de múltiples firmas, etc. Sin embargo, el hecho sigue siendo que Ethereum es el sistema más utilizado para *contratos inteligentes*, no solo porque es ampliamente conocido, sino también porque una gran cantidad de blockchains diferentes lo utilizan.

Cómo Comenzaron los NFT

Entonces, ¿cómo surgieron los NFT? ¿Dónde comenzaron y cómo han evolucionado? Los NFT son un tipo de tecnología relativamente nuevo, pero su historia se remonta a la llegada del comercio electrónico en la década de 1990. La idea de la propiedad virtual ha existido durante siglos. En 1994, Sierra Online y Electronic Arts introdujeron artículos de videojuegos "virtuales" para la venta electrónica, y suspendieron sus operaciones en 2006. En 1996, Pogo.com estableció un "centro comercial de un millón de dólares", una tienda en línea donde los diseños creados por los usuarios y otros objetos digitales podían ser vendidos.

En los últimos años, los NFT recibieron un gran impulso gracias a la tecnología blockchain y la red Ethereum, la plataforma pública de blockchain donde la mayoría se vende en la actualidad. Para 2014, surgieron algunos juegos de blockchain. "CryptoKitties", creado en noviembre de 2017 por el desarrollador canadiense Axiom Zen, fue el primer ejemplo notable de juegos habilitados para blockchain que usaban NFT. Su popularidad condujo a una explosión de proyectos similares ese mismo año. CryptoKitties era un juego simple en el que los jugadores podían comprar gatos virtuales en la red Ethereum, e intercambiarlos con otros jugadores por Ether (ETH), una criptomoneda que existe en la red Ethereum y se usa para realizar transacciones en este tipo de juegos. La apariencia y las características distintivas de cada gato se almacenaban en el blockchain, un libro de contabilidad inmutable que no se puede alterar ni hackear. Es una forma descentralizada de almacenar información y permite comprar e intercambiar gatos virtuales a través de contratos inteligentes.

Una vez que Ethereum pudo admitir el software especializado necesario para que los activos del juego tuvieran ciertas propiedades, los NFT se hicieron posibles. La premisa central de los juegos de blockchain como CryptoKitties es que los jugadores pueden poseer artículos únicos que nadie más tiene. Estos elementos se almacenan en el blockchain para que no puedan ser rastreados y ningún tercero pueda censurarlos. Antes del lanzamiento de CryptoKitties, los jugadores necesitaban crear su propio mundo de juego y luego usar un tercero (como la plataforma de juegos blockchain, Crypti) para crear artículos y publicarlos en un "inventario" propiedad del jugador. Sin embargo, cuando se lanzó CryptoKitties, se le dio a los usuarios la capacidad de crear los primeros activos digitales en un blockchain que otros jugadores podían comprar directamente (a través de cuadrados de colores). Esto desencadenó la reacción en cadena de NFT que vemos que está teniendo lugar en 2022.

Capítulo 2:
Criptoarte — Conceptos Básicos

¿Qué es el Criptoarte?

El criptoarte combina activos digitales e imágenes en el blockchain. Es como un juego en el que los artistas crean imágenes que otros pueden coleccionar, intercambiar o poseer, sin ningún medio físico involucrado. Aunque todavía es relativamente nuevo y revolucionario, algunos artistas han hecho que sus conceptos parezcan una forma de arte familiar. Los artistas incluso han comenzado a promover el criptoarte para crear conciencia sobre asuntos sociales importantes, como la falta de vivienda y el hambre. El criptoarte es una forma de arte única que permite a los artistas expandir sus esfuerzos creativos y utilizar el poder de la tecnología blockchain.

Los artistas de blockchain más populares incluyen CryptoKitties, Diana Rohr, Enigma y Andrea McPhee.

El criptoarte como CryptoKitties está diseñado con parámetros o reglas específicas que definen cómo se pueden usar los tokens. Esto los convierte en algo más que imágenes en una pantalla; son activos digitales coleccionables creados en el blockchain. Estos tokens permiten a los usuarios crear sus propias obras de arte o accesorios digitales únicos. Debido a que estos tokens son tan valiosos y únicos, han llamado la atención de artistas emergentes y establecidos.

El criptoarte ya ha comenzado a revolucionar el mundo del arte. Ahora los artistas pueden crear activos digitales en el blockchain y recibir pagos por su trabajo. Aunque este concepto aún es relativamente nuevo, está cambiando la forma en que la gente piensa sobre el arte digital e incluso está comenzando a redefinir qué es una obra de arte.

¿Por Qué Es Popular el Criptoarte?

El criptoarte está experimentando un aumento en la popularidad entre inversores y entusiastas de las monedas. Sus colores brillantes se destacan de las obras de arte "normales", razón por la cual tantas personas se sienten atraídas por él. Aunque el motivo detrás del criptoarte es que debe colgarse en espacios públicos, ¿por qué sería diferente de otras piezas modernas y contemporáneas que cuelgan en las paredes de hogares y negocios? La respuesta a esta pregunta es que las obras de arte en criptomonedas ofrecen una oportunidad única para que un inversor exprese su pasión por las monedas digitales.

Esto ha llevado a algunos inversionistas a realizar inversiones sólidas al comprar piezas originales por montos tan altos como $50.000. Si bien técnicamente, una inversión de este tipo puede parecer una compra extraña para alguien que no tiene interés en el arte, muchos invierten únicamente en arte porque saben que es un activo que generará rendimientos más adelante. Creen que la obra de arte tendrá un mayor valor cuando el mercado de las monedas digitales tenga éxito, y el efecto psicológico de poseer la obra de arte les dará una sensación de orgullo y logro.

Si bien las obras de arte modernas pueden ser muy costosas, es fácil ver cómo invertir en el arte podría traducirse en rendimientos similares, especialmente si está dispuesto a tener una visión a largo plazo y aferrarse a su obra todo el tiempo que pueda.

En el ámbito de las criptomonedas, el blockchain es uno de los conceptos más importantes y tiene el potencial de cambiar el mundo. A medida que más personas lo encuentran en la vida cotidiana, comienzan a preguntarse cómo se ve realmente blockchain fuera del ámbito de las criptomonedas. Una respuesta sorprendente es que el criptoarte está creando piezas nuevas y emocionantes por derecho propio y no solo se limita a crear diferentes métodos para que los artistas o diseñadores los usen al diseñar su trabajo creativo. Es fácil para estos artistas experimentados crear hermosas piezas porque se ha hecho muy accesible. Ahora, cualquiera puede convertirse en artista con una inversión mínima.

Aún más, el mercado del criptoarte se está volviendo significativo. Algunos artistas ven el éxito, e incluso algunas de las principales influencias del diseño en el mundo también se están filtrando en esta nueva e interesante forma de arte. No es solo una tendencia; es una industria en crecimiento. La demanda es alta y una cantidad cada vez mayor de personas han preguntado acerca de aprender a pintar diseños de criptomonedas u otras formas de arte con un tema de blockchain.

Durante mucho tiempo, la comunidad artística todavía estaba atrapada en la edad de piedra en lo que respecta a la tecnología digital, ¡hasta ahora, eso es! Los artistas ahora están aprovechando este nuevo mundo al crear obras que incorporan creaciones de criptomonedas en sus propias interpretaciones artísticas. Esto está sucediendo en todos los ámbitos, desde los medios visuales hasta la pintura tradicional, incluidas diferentes esculturas e instalaciones artísticas.

Una de las cosas más interesantes del criptoarte es que es tan accesible para artistas individuales como lo son las principales tendencias de diseño. Cualquiera puede acceder a esta forma de arte, ya sea que tenga experiencia o no. También parece estar creciendo en popularidad cada día a medida que más personas se familiarizan con la tecnología blockchain y las criptomonedas se vuelven más comunes en la sociedad.

Diferentes Formas de Arte NFT

Las primeras obras de arte en criptomonedas se crearon utilizando Bitcoin y los NFT de Monero. Estos NFT permitieron que los artistas crearan sus propios trabajos que involucraban un tema de criptomonedas de una manera fácil. Sin embargo, ahora existen otros NFT, como los tokens no fungibles de Ethereum, PrivateSend de Dash y las Organizaciones Autónomas Descentralizadas (DAO por sus siglas en inglés) de Neo.

De hecho, algunos de los artistas más poderosos del mundo en la actualidad ya han comenzado a crear sus propias obras de criptoarte, desde nombres de alto perfil en la industria de la música hasta coleccionistas respetados de arte. Parece que cualquiera puede aprovechar esta nueva oportunidad y convertirse en un artista que crea criptoarte.

La comunidad blockchain es muy abierta y acogedora. Cuando quiere descubrir algo nuevo, busca ayuda en línea, pero con el criptoarte, es fácil encontrar información interesante sobre esta forma de arte emergente. Una de las cosas más interesantes de encontrar todos estos tipos de obras de criptoarte es que las que puede encontrar en línea estarán dirigidas principalmente a otros entusiastas de las criptomonedas y personas interesadas en la historia del blockchain. Esto significa que todos sus artistas favoritos están constantemente creando nuevas obras de arte y mostrándolas en todas sus plataformas de redes sociales. Usted tiene acceso a su dominio público y también puede comprar estas piezas a través de varias tiendas o galerías de criptomonedas en el mercado. El criptoarte también incluye música, fotografías, pinturas y más.

Algunas de las Formas Más Populares de Criptoarte

- "CryptoPenguin" de Ashery

Ashery es un artista estadounidense nacido en Los Ángeles, California, en 1983. Tiene una Licenciatura en Artes y Tecnología Interactivas del Savannah College of Art and Design y una Licenciatura en Animación 2D de la USC. "CryptoPenguin" es una pintura de Ashery que presenta una linda criatura relacionada con lo cripto con un huevo de Pascua en el ombligo. Ashery dibujó el primer CryptoPenguin en 2015 y llamó mucho la atención de la criptocomunidad. Un año después, Ashery lanzó una edición especial de 100 CryptoPenguins. Estos comenzaron a agotarse en una hora, a lo cual siguió una lista de espera. Esta edición especial de CryptoPenguin volvió a estar disponible en cryptograffiti.com en 2017 y se agotó en minutos. El CryptoPenguin de Ashery es ampliamente considerado como una de las obras de criptoarte más populares y, a menudo, se usa para mostrar aprecio por Bitcoin o cualquier otro fanático de las criptomonedas.

• "Bitcoin WELCOME" de Jeremy King

Jeremy King es un artista multipremiado que se centra en el arte digital y la ilustración conceptual. Nació en Los Ángeles, California, y recibió su educación en The Art Center College of Design en Pasadena, California.

En 2014, Jeremy King creó la serie Bitcoin Welcome que se convirtió en un clásico instantáneo, ya que presentó el primer mensaje de bienvenida de Bitcoin en una de sus obras de arte. Desde que se vendió por primera vez en su sitio web, la obra de arte se ha exhibido en muchas exposiciones.

La serie Bitcoin Welcome también está disponible en forma física a través de la asociación de Jeremy King con el comerciante Cryptograffiti.com. Las obras de arte físicas están impresas en cartón pluma de 8 x 10 pulgadas, enmarcadas en un marco de madera negra de 14 x 17 pulgadas, y vienen con un certificado de autenticidad firmado por King.

Acerca de la Obra "Bitcoin Welcome" de Cryptograffiti's

Cryptograffiti es una empresa de arte digital con sede en Los Ángeles fundada por Corey Kallman y Kate King en 2016. La empresa se formó originalmente como una tienda en línea que vende arte digital, calcomanías e impresiones para artistas digitales, incluidos artistas de Rusia, Japón y Canadá.

Además de eso, Cryptograffiti vende obras de arte físicas únicas y hechas a mano creadas por artistas famosos como Jeremy King, Jason Lee, John Kovalic y otros.

Las obras de arte en la tienda se producen en ediciones pequeñas con no más de 50 piezas por tirada. La obra de arte de cada artista está disponible en una edición limitada firmada por el artista. Se trata de pinturas digitales realizadas tradicionalmente sobre lienzo con pintura acrílica, impresiones realizadas a partir de archivos digitales de alta calidad y pegatinas que pueden decorar portátiles y teléfonos móviles.

Las 10 Obras de Criptoarte Más Caras

- *Some Asshole* de XCopy, SuperRare, 3,8 millones de dólares

XCopy fue uno de los primeros en adoptar NFT, extrayendo su arte desde el lanzamiento de SuperRare en 2017. XCopy tiene su sede en Londres, y *Some Asshole* es el séptimo NFT en el sitio, siendo el primer personaje que acuñó el artista. Obtiene alrededor del 10 por ciento de las reventas cada vez que la obra se vende de un coleccionista a otro en SuperRare. Some Asshole fue la primera compra de Cozomo de Medici, un coleccionista que en realidad se rumorea que es el rapero Snoop Dogg.

- *Replicator* de Mad Dog Jones, Phillips, 4,1 millones de dólares

Siguiendo el camino de Christie's y Sotheby's, dos de las casas de subastas más grandes, Phillips también se sumergió en el mundo de los NFT dando un maravilloso giro al medio, especialmente al vender *Replicator* de Micah "Mad Dog Jones" Dowbak, que muestra una máquina copiadora en el trabajo. Cada 28 días, el trabajo crearía nuevos NFT para sumar alrededor de 180 a 220 NFT, lo que generaría una gran cantidad de dinero adicional para el artista a partir de las reventas. La obra se vendió por 4,1 millones de dólares, lo que convirtió inmediatamente a Dowbak en el artista más rico de Canadá.

- *Stay Free* de Edward Snowden, Foundation, 5,4 millones de dólares

Este es un poco atípico, especialmente porque es del denunciante de renombre mundial Edward Snowden. Su NFT tenía el fallo del Tribunal de Apelaciones de EE. UU. para el Noveno Circuito que indicaba que la práctica de vigilancia masiva de la NSA era ilegal. Se considera arte porque tiene al fotógrafo y artista del ex consultor de inteligencia informática, Platon, justo en el texto. Snowden lo vendió para contribuir a la Fundación para la Libertad de Prensa.

- *Genesis Collection* de Free Cross y Ross Ulbricht, SuperRare, 5,93 millones de dólares

Silk Road es un sitio web de mercado en la web oscura fundado y dirigido por Ross Ulbricht de 2011 a 2013. Pronto fue arrestado y sentenciado, condenado a vivir una cadena perpetua doble debido a cargos de hackeo, lavado de dinero y narcotráfico. Como el sitio que dirigía funcionaba con Bitcoin, a menudo se le considera uno de los muchos responsables del éxito con el que se ha utilizado la moneda. Para recaudar dinero para liberarlo de prisión y apoyar a todos los relacionados con las personas encarceladas, Ulbricht creó su propio NFT. Tenía sus raíces en una colección de sus obras de arte y escritura, y tenía dibujos de la infancia y otras cosas que creó mientras estaba encarcelado, como *Perspective*, un dibujo hecho con lápiz de grafito. Fue FreeRossDAO, una organización autónoma descentralizada, quien ganó la subasta de esta colección de obras de arte. Hubo una contribución de 12,2 millones de dólares otorgada por más de 4.000 personas para asegurar su victoria.

- *A Coin for the Ferryman* de XCopy, SuperRare, 6 millones de dólares

Este NFT tiene cuatro años y es uno de los primeros trabajos que XCopy acuñó inicialmente. Fue comprado directamente por @0xclipse no mucho después de que XCopy lo creara, por un precio de solo 0,5 ETH, que equivalía a 139 dólares en ese momento. Recientemente, XCopy ha sido reverenciado como pionero en el espacio NFT, lo que provocó un auge en el mercado.

- *Ocean Front* de Beeple, Nifty Gateway, 6 millones de dólares

Este NFT se acuñó de su colección Everyday unas semanas después del debut en Christie's, que ocupó la mayoría de los titulares. Este trabajo actúa como una llamada de atención sobre los peligros del cambio climático, y luego las ganancias se destinaron a la organización benéfica Open Earth Foundation. El propietario es Justin Sun, un renombrado coleccionista de NFT que ganó la guerra de ofertas después de perderse *Everyday*.

- **Right-click and Save As Guy** de XCopy, SuperRare, 6,57 millones de dólares

Esta compra es una de las más costosas que ha hecho Cozomo de Medici, a menudo considerada como un ataque contra los críticos de las artes NFT, especialmente aquellos que dicen que es mejor hacer clic con el botón derecho y guardar el arte gratis que gastar miles de dólares para comprar y tenerlo claramente listado en el blockchain como suyo. Xcopy lo creó en 2018 y, en agosto de 2020, se compartió cuando los precios de los NFT comenzaron a subir.

- **Crossroads** de Beeple, Nifty Gateway, 6,6 millones de dólares

Las cosas cambiaron radicalmente para mejor cuando Beeple acuñó su primer conjunto de NFT titulado *The First Drop* en una venta de Nifty Gateway. *Crossroads* fue sorprendente, relacionado con las elecciones presidenciales en los Estados Unidos. Cuando Biden fue declarado ganador, el trabajo se había fijado en una de un par de imágenes, que eran un Donald Trump hinchado en graffiti y un padre en un campo al lado de la carretera. Esto se vendió por 66.666,66 dólares, que era un récord en ese entonces. Finalmente, se vendió de nuevo por 100 veces el precio original, alcanzando la extraordinaria cifra de 6,6 millones de dólares en la subasta de Christie's.

- **Human One** de Beeple, Christie's, 29,8 millones de dólares

Beeple creó un híbrido de lo físico y lo digital con esta escultura generativa llamada Human One. Era un monolito de aluminio pulido, giratorio, con pantallas LED y un NFT correspondiente. Las partes eran dinámicas y Beeple se había asegurado de que siempre tendría la opción de agregar o cambiar el contenido de esta obra de arte para siempre desde cualquier parte del mundo. En el momento de su venta, tenía un astronauta atravesando varios paisajes en movimiento. Esto es genial porque el mundo en todos los sentidos permanece inacabado para siempre, lo que lo hace igualmente inquietante e interesante. Esto no impidió que Ryan Zurrer de Zúrich superara a todos los demás en la subasta.

- *Everyday – The First 5000 Days* de Beeple, Christie's, 69 millones de dólares

Esta fue una gran apuesta por parte de Christie's, ya que habían acordado vender solo obras de arte digitales de blockchain. Claro, es posible que los clientes tradicionales no tuvieran idea de qué era el blockchain, pero Beeple ya se había hecho un hueco en el espacio del criptoarte y estaba en la sala de seis cifras tras la venta de *Crossroads*. *Everyday* es una conmemoración de los primeros 5000 días de Beeple de un proyecto de arte en curso que comenzó el 1 de mayo de 2007, creando un collage de cada dibujo. Este collage también tenía dibujos primitivos crudos junto con las representaciones digitales que formaron una parte clave de su estrellato en Internet. La puja se disparó hasta $1 millón en menos de una hora, y el resultado final consolidó a Beeple en el salón de la fama de los artistas vivos. Sería una maravilla si otra obra de arte pudiera hacerlo mejor.

¿Puedo Crear Mi Propio Criptoarte?

Puede crear su propia obra de criptoarte. En el mundo digital, usted puede usar criptomonedas como medio artístico. El mejor tipo de criptoarte es el que cuenta una historia y lleva algún tiempo experimentarla. La mayoría de las personas usan imágenes y mensajes basados en texto para crear su propio criptoarte, pero puede combinar su conocimiento en programación con sus ideas creativas para una obra de arte única.

Si no está interesado en crear uno propio y prefiere comprarlo, no se preocupe. Puede usar su dinero fiduciario para comprar criptoarte. Lo mejor de invertir de esta manera es que puede ganar dinero con sus compras.

Capítulo 3: ¿Por Qué Invertir en NFT y Criptoarte?

¿Por qué es una buena idea invertir en NFT y criptoarte? Una palabra: escasez. El arte NFT es escaso porque puede permanecer digital y nunca imprimirse. Esto significa que podría hacer 1 millón de copias de su pieza musical favorita, pero el propietario conserva los derechos de reproducción y los derechos de autor. El criptoarte crea escasez al encerrar la copia original con una clave secreta que es imposible de descifrar, destruyendo todas las copias en el proceso.

Dado que cada pieza de NFT o criptoarte es inmutable y única, la demanda de estas piezas aumentará a medida que las personas se den cuenta de su rareza. Como se compran y venden en bolsas de todo el mundo con dinero real en lugar de monedas virtuales como Bitcoin o Ethereum, los precios seguramente aumentarán exponencialmente. Para jugar el juego largo con su criptodinero querer ver que su inversión se aprecie en valor, los NFT o criptoarte puede ser justo lo que está buscando.

Los NFT, o tokens no fungibles, también se denominan "criptocoleccionables". Las mismas propiedades que hicieron que CryptoKitties fuera tan popular se pueden usar para hacer coleccionables de cualquier tipo y llevarlos a la era digital. Los NFT pueden representar coleccionables físicos como discos de vinilo o tarjetas de béisbol; también pueden representar elementos virtuales como una katana virtual en un videojuego o una mascota chia en su protector de pantalla.

El criptoarte es una mezcla de criptografía, blockchain y arte digital. La idea es tomar una copia digital de una obra de arte u otro medio digital, guardarla en el blockchain con un código irrompible y destruir todas las copias del original simultáneamente.

No hay forma de hacer más copias de esta pintura y venderlas a otros. La única forma de que alguien obtenga una pieza de criptoarte es comprándola a la persona propietaria del archivo original. Si un coleccionista posee una copia, tiene un número ilimitado de impresiones en ediciones limitadas sin tener que crear ningún contenido nuevo (esto es lo que lo hace tan valioso).

El criptoarte ofrece tres ventajas únicas sobre el arte físico:

1. La ubicación física no importa. Puede guardar todo su criptoarte en su bolsillo o en la mesa de café e invitar a sus amigos a disfrutarlo virtualmente en cualquier momento.

2. El criptoarte es difícil de duplicar o falsificar. La criptografía es una parte esencial tanto de los NFT como del criptoarte, ya que permite crear una nueva pieza de contenido sin duplicar el archivo original. La tecnología blockchain evita el doble gasto al guardar una copia digital solo una vez, por lo que alguien que intente venderlos no podrá hacerlo por diseño.

3. El criptoarte es extremadamente limitado en ediciones y difícil de encontrar. Esto lo hace ideal para los coleccionistas, que a menudo quieren ser los únicos en tener una obra de arte específica.

Estas tres razones hacen que valga la pena invertir en NFT. La mejor parte del criptoarte es que, al igual que con CryptoKitties, falsificar una copia es casi imposible. Si una pieza de criptoarte ya está en circulación, ya no se puede falsificar. Esta fue una característica esencial en CryptoKitties y la clave de su éxito.

Al comprar o vender NFT o criptoarte, hay dos cosas que debe recordar:

1. Las características únicas de los activos digitales individuales significan que no puede intercambiarlos fácilmente en grandes cantidades como podría hacerlo con Bitcoin o Ethereum a través de sus intercambios. Sin embargo, puede comprar y vender NFT individuales o piezas de criptoarte en la cantidad que desee.

2. La mejor manera de hacer esto es usar su propia tienda en línea. Vender y comprar NFT directamente de otras personas en intercambios públicos puede dar lugar a disputas de transacciones, intentos de hackeo y robo, lo que es probable que ocurra si alguien quiere obtener parte de su arte en primer lugar.

Las personas ahora pueden comprar artículos que antes solo estaban disponibles en galerías o mediante subastas. Anteriormente, los compradores tenían que ser pacientes durante años hasta que el artista original pusiera a la venta una pieza, o tal vez su patrimonio terminó junto con ella como parte de una gran colección y, por ejemplo, la subastó.

Ni siquiera tiene que ser un artista o un coleccionista de arte para invertir en NFT y criptoarte. Puede comenzar fácilmente a construir su cartera comprando algunas piezas de los mercados de NFT y criptoarte con artículos como discos de vinilo, libros de artistas, cómics e incluso juegos de cajas de música.

Inversiones en NFT: Un Emprendimiento Muy Rentable

Las inversiones en NFT son una forma de inversión que actualmente es lo más popular en el sector de las criptomonedas, y continuamente atrae a las personas hacia y desde las criptomonedas. El principio principal detrás de la inversión en NFT es que su cartera crecerá con el tiempo porque no está comprando ningún activo en particular, sino una inversión teórica debido a una cantidad determinada de tokens o monedas. El principal beneficio de la inversión en NFT es que sus activos se almacenan en el blockchain en lugar de en un servidor central. Eso elimina tanto la manipulación de terceros como el riesgo de robo, que son dos factores que pueden impedir su crecimiento si le suceden a usted. La inversión en NFT es muy similar a la inversión tradicional en algunos aspectos. Es un poco como comprar acciones con Bitcoin o Ethereum en lugar de efectivo, ya que usted está comprando un activo ya construido en el blockchain.

Los NFT o tokens no fungibles son una representación digital de cualquier activo tangible. Esto incluye coleccionables como tarjetas de béisbol y piezas de arte y activos físicos como bienes raíces, automóviles y paneles solares. Son tokens digitales construidos sobre Ethereum que funcionan de la misma manera que las criptomonedas, pero no son criptomonedas. Son una nueva clase de activos que ningún tercero central puede manipular. Esta tecnología de tokenización ha revolucionado la industria de CR (capital de riesgo) porque se puede utilizar para invertir en proyectos que están fuera del alcance de la inversión tradicional en valores. Como inversionista, los NFT le ofrecen formas de diversificar su cartera en industrias tradicionalmente fuera del alcance de los inversionistas que solo invierten en acciones y bonos. En este artículo, explicaré los beneficios de invertir en NFT y lo ayudaré a decidir si esta inversión es adecuada para usted.

¿Por Qué Invertir en NFT?

1. **Mercados Líquidos y Confiables**: Las criptomonedas se negocian solo con el precio de su propia utilidad y especulación, lo que las hace altamente volátiles. Esto puede crear una gran cantidad de riesgo para los inversores si el precio de una criptomoneda cae significativamente y no hay más vendedores. Esto se debe a que las criptomonedas solo tienen valor si alguien cree que su capitalización de mercado aumentará con el tiempo. Los tokens en el blockchain de Ethereum se intercambian no solo por criptoeconomía, sino también por su propio valor de inversión.

2. **El Nuevo Estándar para las Inversiones**: Los NFT no se basan en la especulación, sino que se esfuerzan por estar respaldados por un activo. Esto significa que siempre mantendrán su valor a través de una demanda intrínseca donde los inversores necesitarán comprarlos para venderlos nuevamente y obtener un retorno de la inversión (ROI).

3. **El Activo es Siempre Primero**: A diferencia de las OIC y las criptomonedas, los NFT no están diseñados para ser tokens de utilidad. Esto significa que su valor siempre está vinculado a un activo subyacente en lugar de a una sola moneda digital.

4. **Una Nueva Clase de Activos para inversores**: Los NFT son la primera nueva clase de activos para los inversores. En el pasado, los inversores solo podían invertir en valores tradicionales (como acciones, bonos y bienes raíces). Sin

embargo, debido a la invención del blockchain, ahora puede invertir en activos mucho más diversos con poco valor intrínseco, como cómics y obras de arte.

5. **La Nueva Forma de Invertir:** Los NFT no son valores, sino *representaciones digitales de activos tradicionales*. Esto significa que puede invertir en proyectos de blockchain que no se ajustan al paradigma de inversión tradicional (como las criptomonedas y las OIC).

6. **Puede Comprar Proyectos Que No Conoce:** Muchos proyectos hoy en día buscan recaudar fondos para sus propios proyectos. Esto significa que no necesita ser un experto en el activo subyacente para ganar dinero con las inversiones porque puede comprarlas con un método de pago estándar como Bitcoin o Ether.

7. **Una Gran Forma de Invertir en Proyectos que Ama:** Los NFT son una excelente manera de invertir en proyectos que ama sin esperar ninguna ganancia financiera real de las inversiones. Los proyectos eligen qué cantidad de sus propias monedas quieren devolver a los inversores. Por ejemplo, empresas como Augur y Maker alquilan su red criptoeconómica para compartir las ganancias de sus productos con sus usuarios. Los NFT son una excelente opción de inversión tanto para inversores conservadores como agresivos. Ahora que conoce los beneficios de invertir en NFT, es hora de determinar si esto es adecuado para su cartera de inversiones.

Por Qué Ethereum Hace Que la Inversión en NFT Valga La Pena

El mundo nunca antes había visto algo como la tecnología blockchain. Es una forma de descentralizar y proteger información y datos a través de la criptografía. Esta tecnología se puede usar de muchas maneras para mejorar la sociedad, pero también hay muchas formas en que esta tecnología se puede usar para estafar a las personas o robarles sus criptobilleteras. Las criptoestafas se basan en las partes más desafortunadas de la naturaleza humana.

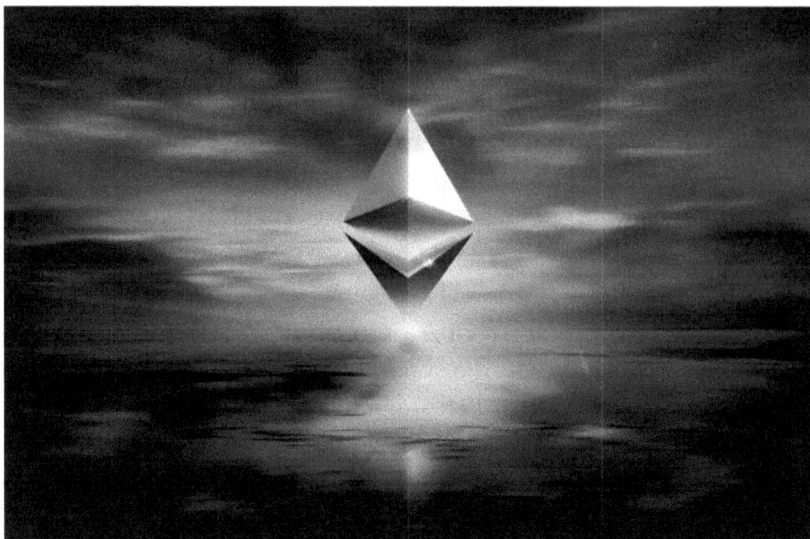

Algunos inversores intentarán explotar la codicia de otros inversores fingiendo crear una nueva criptomoneda cuando, en realidad, solo están creando un esquema elaborado que implica robar dinero de víctimas desprevenidas. En este artículo, explicaré cómo Ethereum está ayudando a los inversores a proteger su dinero asegurándose de que nunca lo pongan en riesgo en primer lugar.

1. **No Más Estafas:** Ethereum se basa en el poder de los contratos inteligentes. Estos contratos son una forma en que las personas aceptan términos que no se pueden modificar ni romper. Esto significa que una vez que invierte en una empresa, solo hay una forma de cambiar de opinión más tarde y pedir que le devuelvan su dinero. El blockchain de Ethereum se basa en reglas que no se pueden romper ni modificar salvo que al menos el 51 % de la red acepte cambiarlas.

2. **No Más Riesgos Desconocidos de Inversión:** La información ahora se puede almacenar en una base de datos de blockchain incorruptible, por lo que los inversores no deben preocuparse por perder su dinero si invierten en una empresa de criptomonedas sospechosa.

3. **Una Criptomoneda con capital, No Solo una Buena Idea:** Debido a que los contratos inteligentes de Ethereum se basan en el poder del blockchain para hacer cumplir sus

reglas, esta tecnología funciona de manera que las personas primero deben comprar tokens criptográficos antes de poder usarlos. Esto significa que la gente tiene que invertir en un proyecto con dinero fiduciario antes de pedir a otros inversores que pongan dinero en él. Este sistema garantiza que los proyectos tengan reservas de capital en sus cuentas para desarrollar realmente sus productos y servicios antes de intentar recaudar fondos de nuevos inversores.

4. **Transparencia en las OIC:** Dado que Ethereum es una red descentralizada, todos los detalles sobre una OIC son transparentes y están abiertos para que cualquiera los vea. Esto significa que no hay reuniones secretas en las que las personas puedan elegir hacer o romper las reglas a puerta cerrada. Esto también significa que no necesita pagar a un intermediario para descubrir si las OIC son legítimas o no.

5. **Una Forma de Invertir en el Futuro:** Muchas personas quieren invertir en nuevas empresas hoy en día, pero no lo hacen porque se sienten mal informados por la falta de buena información sobre los proyectos emergentes. Ahora que Ethereum permite que los inversores estén más informados, finalmente pueden invertir en buenas ideas en lugar de malas.

Historia de las Inversiones en NFT

La historia de las inversiones en NFT es un poco confusa. Muchos creen que el concepto detrás de esto se descubrió en la época de la última bifurcación dura de Bitcoin, pero sus verdaderos orígenes son un misterio. Sabemos que ha existido durante bastante tiempo, pero solo recientemente alcanzó la adopción generalizada. En julio de 2017, BTCManager entrevistó a Nick Tomaino, quien dijo en ese momento que "parecía que menos personas se cambiaban [a los NFT] que en años anteriores. Creo que vimos que el mercado "crecía" un poco más rápido esta vez". Desde entonces, el sector NFT se ha disparado y muchos inversores ahora lo llaman "el futuro" de las criptomonedas.

Algunos argumentan que los NFT han existido desde el comienzo de las criptomonedas, lo cual no es del todo cierto. El principal ejemplo de esto fue el proyecto Counterparty en 2014, que utilizó el blockchain de Bitcoin para almacenar y crear tokens personalizados en su propio blockchain. En otras palabras, fue una forma temprana de inversión de NFT en la que los usuarios podían comprar tokens arbitrarios a granel y, por consiguiente, intercambiarlos. Sin embargo, también hay otras formas de hacerlo sin utilizar una plataforma de terceros. Esto incluye sistemas como el creado por Rarebits en 2017, que utilizó contratos inteligentes de Ethereum para establecer un mercado de tokens no fungibles.

Los Mayores Productores en 2022

A continuación, veremos algunos de los mejores ejemplos de tokens NFT durante 2020 y 2021 y su desempeño en términos de crecimiento y desarrollo.

- **EOS**

Como el token que desencadenó una corrida alcista en el criptomercado (marzo de 2017-enero de 2018), EOS ha experimentado un crecimiento masivo desde su creación. Anunciado como "el sistema operativo del mundo" para contratos inteligentes, esta plataforma permite a los desarrolladores crear aplicaciones descentralizadas con su arquitectura integrada de baja latencia y escalabilidad horizontal. A medida que más desarrolladores reconozcan el potencial de EOS, espere que este token reine en los mercados NFT.

- **NEO**

Presentado por primera vez a fines de 2014, este proyecto chino ha sido un tema candente dentro de la comunidad blockchain. NEO utiliza un nuevo protocolo de consenso conocido como Delegated Byzantine Fault Tolerance (DBFT) para aumentar la velocidad de las transacciones y reducir las tarifas. Esta plataforma de billetera alojada es actualmente la duodécima criptomoneda más grande con una capitalización de mercado de 2,4 mil millones de dólares.

- **TRON (TRX)**

El gran avance de Tron se produjo en junio de 2017 cuando probó con éxito su red principal por primera vez. Como una de las plataformas más activas en China, Tron sirve como una plataforma para que los desarrolladores construyan contratos inteligentes descentralizados que pueden utilizar varias partes en diferentes industrias. Recientemente, Tron ha estado haciendo olas con su ambicioso "Proyecto Génesis", que buscaba expandir su alcance a nivel mundial para 2020.

- **Binance Coin (BNB)**

Como fundador del intercambio Binance, Changpeng Zhao ha estado arrasando los titulares últimamente con su enfoque entretenido y franco de las entrevistas y Twitter. Si bien Binance recibe toda la atención, BNB se ha posicionado silenciosamente como una de las criptomonedas más estables de su clase. Habiendo aumentado su valor casi diez veces desde su OIC en 2017, BNB se encuentra entre los NFT con mejor desempeño en esta lista.

- **VeChain (VET)**

Como proyecto con el ambicioso objetivo de vincular el mundo real con la tecnología blockchain, VeChain recibe muchas comparaciones con IOTA. Una plataforma de gestión de la cadena de suministro, VeChain ofrece a las empresas una solución a prueba de manipulaciones para recopilar, almacenar y auditar datos. Y VeChain ha desarrollado su propio equipo de expertos de la industria que brindan servicios de consultoría en profundidad a usuarios y empresas. El aumento de las asociaciones con empresas dentro de su industria objetivo ha transformado a VET en uno de los NFT más emocionantes de esta lista.

Los NFT y el criptoarte conectan a los compradores con el artista de maneras únicas y maravillosas, y la exclusividad de la obra de arte la hace aún más valiosa. Las formas de criptoarte son coleccionables digitales tangibles o tokens negociables vinculados o "respaldados por" el valor de los criptoactivos subyacentes. Algunos de estos criptoactivos se pueden transferir, intercambiar y vender entre pares en intercambios descentralizados.

Los NFT vinculan a los compradores con los artistas de una manera única porque tienen un conjunto diferente de reglas para poseer y comercializar activos. Estos activos no se replican digitalmente, por lo que cada uno es completamente único. Esta singularidad les da una conexión más fuerte con su activo subyacente que una obra de arte tradicional, ya que teóricamente las obras de arte tradicionales podrían replicarse digitalmente un número infinito de veces. Invertir en este espacio es como estar involucrado en una casa de subastas digital, excepto que gasta algo de dinero para ganar más dinero, y eso es genial.

Capítulo 4: Creando Su Primer NFT

Cómo Crear Sus Propios NFT

En este punto, la cantidad de tokens ERC-721 y proyectos de tokens personalizados han crecido a un nivel extraordinario. Con todos estos nuevos elementos de blockchain en el mercado, puede ser difícil saber cómo iniciar uno propio.

Para registrar un NFT, necesita tres cosas: un nombre o símbolo para su NFT, una imagen que represente su token y una dirección de contrato que corresponda con una billetera Ethereum que contenga una cierta cantidad de ETH.

Paso 1: Cree una Cuenta Ethereum

Crear una cuenta es tan fácil como enviar y recibir Ethereum. Este proceso se puede realizar en la mayoría de los principales blockchains, incluidos Ethereum, Bitcoin y EOS. También puede crear su propio token desde cero creando un contrato inteligente de Ethereum o un token ERC-20.

Sin embargo, la forma más fácil de crear su propio token NFT es usar un token de utilidad como la plataforma Rehoming de NFTsnow o una de las muchas otras plataformas OIC que existen. Con este tipo de tokens, usted puede crear fácilmente una plataforma personalizada que admita su organización junto con un token ERC-721 para representarla.

Paso 2: Registre una Marca Registrada para Su NFT

Para asegurarse de que su token personalizado y su contrato no infrinjan la propiedad intelectual de otra persona, es una buena idea registrar una marca comercial. Asegúrese de proteger tanto el nombre de su moneda como su símbolo.

Este paso no es obligatorio, pero puede ser extremadamente útil a largo plazo. Al presentar una marca comercial, puede emprender acciones legales contra cualquier infractor de su propiedad intelectual. Por ejemplo, si presenta una marca comercial para la palabra "Gatito" y alguien crea otro token ERC-721 con el nombre "GatitoCoin", y usted puede probar que fue el primero en usar la palabra "gatito" en su token, usted puede utilizar su marca registrada para prohibirles que la usen.

Paso 3: Elija un Nombre, un Símbolo y una Imagen Que Estén Protegidos por Marcas Registradas

La forma más fácil de proteger el nombre, el símbolo y la imagen de una moneda es asegurarse de que todas sean subpropiedades de una marca comercial existente. La mejor manera de hacerlo es presentando cada una de estas tres cosas con

---

diferentes extensiones. Una extensión cubrirá los tres elementos, otra extensión solo cubrirá su nombre y la otra solo cubrirá su símbolo. Tendría motivos legales para pedirles a otros que dejen de usar ese nombre.

Si no tiene una marca registrada en el nombre, símbolo o imagen de su moneda, siempre puede intentar buscar el número de propiedad intelectual de cualquier elemento existente. Por ejemplo, si uno buscara el número de propiedad intelectual de una popular galleta de la fortuna mencionada en las noticias, probablemente encontraría algo que tenga el mismo número. A continuación, puede utilizar este número como su propia marca.

Paso 4: Asegúrese de que Su NFT No Esté Tomado

Al realizar una oferta inicial de criptomonedas (OIC), es mejor asegurarse de que no haya una moneda idéntica en el mercado. Para hacer esto, ingrese el nombre o símbolo de una moneda en Google y asegúrese de que no aparezca nada que indique que se ha tomado. Una búsqueda simple mostrará si se creó un token similar con el mismo nombre o símbolo y si está activo o no. Este proceso es relativamente simple para monedas únicas.

Si el nombre o símbolo de su moneda se considera genérico, debe esforzarse más para evitar infringir la propiedad intelectual de otra persona. Lo mejor es buscar tokens ERC-721 genéricos en Etherscan y ver si son marcas registradas. También debe hacer una búsqueda en Google del nombre de su moneda para ver si aparece algún resultado. Si no surge nada, sería seguro asumir que su moneda no infringe la propiedad intelectual de nadie más.

Paso 5: Eche un Vistazo al Estándar ERC-721

Para asegurarse de que su moneda no sea confusamente similar a otra moneda, eche un vistazo al estándar ERC-721. Este estándar es lo que permite que su token opere en el blockchain de Ethereum. El estándar ERC-721 describe cómo crear un contrato que contiene uno o más NFT y cómo se puede asignar un identificador único a cada token NFT.

También describe cómo puede crear una identidad e importarla a su contrato y cómo usar esta información para las transferencias. Esto es extremadamente útil al crear y probar contratos inteligentes, lo que le permite probar y ver qué sucede en diversas circunstancias (es decir, si envía una transacción a usted y al destinatario).

Ideas y Adaptaciones de NFT

¿Cuáles son los diversos casos de uso y adaptaciones de tokens no fungibles? ¿Hay un caso de uso para todos? Estos son algunos de los ejemplos más interesantes:

- **Rare Pepes**: Estas criaturas digitales "raras" fueron clonadas rápidamente por el creador y vendidas a precios elevados a los primeros usuarios.

- **Decentraland**: Un mundo virtual gobernado por la comunidad, que recaudó 24 millones de dólares en minutos a través de una venta de tokens.

- **Etheremon**: Este juego, similar a Pokémon, se juega en el Blockchain e incluye monstruos raros y poderosos que son difíciles de clonar.

- **CryptoAlpacas**: Un clon de CryptoKitties construido con alpacas en lugar de gatos.

- **CryptoPunks**: Un mercado descentralizado para avatares únicos construido sobre Ethereum. Un nuevo proyecto de Attores.com.

- **BlockJack**: En este juego, usted juega usando Ether para derrotar a otros jugadores. Similar a Ether Jack.

- **CryptoCelebrities**: Le permite comprar representaciones digitales de personas como Snoop Dogg o Bill Gates. Este recaudó millones en una venta simbólica.

- **CryptoStamps**: Una plataforma que le permite comprar y comercializar coleccionables virtuales únicos en el Blockchain, similar a CryptoKitties, con la esperanza de proporcionar una clase de activos "respaldados por activos" para Internet.

- **CryptoCountries**: ¡Posea un terreno en el Blockchain! Un proyecto de Attores.com.

- **Sola Token**: Este es un modelo interesante en el que los usuarios "compran" contenido y reciben tokens SOL a cambio.

- **Fantasy Crypto Pets:** Similar a los criadores de Rare Pepe, pero para mascotas virtuales.

- **Dedicated Stakers:** Un nuevo proyecto de Ethereum que crea una red de patrocinadores que competirán por ser los más eficientes. Esta es una alternativa a la Prueba de Participación, en la que puede competir para apostar sus tokens.

Es importante señalar que, aunque los raros clones de Pepe fueron el ejemplo más notorio, muchas de estas aplicaciones ya se están creando a diario. Algunos ejemplos incluyen CyberMiles, Ethfinex, Gnosis, Makerdao, etc.

- **Cybermiles:** Un blockchain de comercio electrónico de próxima generación que tiene como objetivo descentralizar los mercados en línea.

- **Ethfinex:** La plataforma de negociación basada en Ethereum más popular del mundo.

- **Gnosis:** Desarrolló un mercado de predicciones y oráculos para proporcionar información o descubrimiento de precios para varios activos.

- **MakerDAO:** Un interesante sistema de "fijación" que permite a los titulares de Bitcoin pagar Dai, su Stablecoin, para crear activos basados en Dai en su plataforma.

- **CryptoKitties:** Creó toda una industria en la recolección de gatos virtuales con ADN único. Varias imitaciones siguieron poco después. Algunos tuvieron más éxito que otros, ya que no tenían datos digitales únicos adjuntos.

Los NFT en Bienes Raíces

Con los bienes raíces, es necesario un registro de la propiedad para garantizar que el comprador realmente sea dueño de la propiedad que compró. El objetivo de poseer bienes raíces no es solo poseer un activo físico, sino también brindar una experiencia de propiedad única que se pueda aprovechar cuando llegue el momento de revender o liquidar.

El proceso de compra y venta de bienes raíces suele ser largo y costoso, por lo que hay muchas oportunidades para que las partes de ambos lados del trato sean deshonestas. Un libro contable distribuido podría aliviar este problema porque todas las partes sabrían exactamente quién era el propietario de los respectivos contratos.

El sistema actual de registros de la propiedad es costoso y lento, lo que dificulta su uso. Poseer una propiedad se vuelve menos atractivo a medida que aumenta la barrera de entrada.

Un modelo de propiedad alternativo que podría aplicarse en el futuro es la tokenización, esencialmente una versión basada en Blockchain del registro de títulos de propiedad. Los datos sobre la propiedad se pueden almacenar de manera confiable en el Blockchain, junto con su código de identificación único, lo que permite verificar fácilmente la propiedad en cualquier momento. Esto reduce costos y agiliza procesos, ya que todo se puede hacer a través de contratos inteligentes.

Ya debe haber descubierto que hay muchas maneras de utilizar tokens no fungibles. Por ejemplo, podría crear arte para un equipo de la NFL y convertirlo en un NFT. Alternativamente, puede crear una pintura de eventos actuales, o puede grabar algo de música o escribir un libro y convertirlo en un NFT. No hay absolutamente ningún nicho en el que no pueda aplicar esta maravillosa tecnología, y ese es el punto que estamos tratando de hacer. Es tan versátil que definitivamente conquistará el mundo.

Los NFT en la Industria Alimentaria

Los NFT pueden identificar de manera única diferentes tipos de alimentos dentro de una cadena de suministro. Podemos usar etiquetas digitales para rastrear los alimentos de un lugar a otro a lo largo de la cadena de suministro y garantizar que sean seguros para el consumo utilizando varios métodos, como chips RFID, códigos QR o tecnología blockchain.

En el futuro, los NFT se utilizarán para rastrear frutas y verduras y otros tipos de alimentos como carne de res y productos lácteos. Por ejemplo, los consumidores pueden tener la capacidad de verificar si sus mangos han sido recolectados en una etapa particular de su ciclo de vida o cuándo han sido empacados, lo cual es muy importante cuando están en tránsito.

Otra desventaja de los registros digitales tradicionales almacenados en sistemas de archivos (como la plataforma de comercio electrónico) es que pueden editarse o alterarse. Como resultado, todos los demás registros se actualizarán inmediatamente. Al usar un NFT, tendríamos que actualizar todos los demás después de la manipulación. Esto hace que sea mucho más difícil para los perpetradores que de otro modo podrían salirse con la suya con tal acción.

Los NFT en el Sector de la Salud

De la misma manera que la criptomoneda está revolucionando la forma en que las empresas y las personas realizan transacciones, los NFT en el sector de la salud podrían transformar la forma en que buscamos atención médica. Los NFT se pueden programar con reglas complejas mediante la creación de contratos inteligentes que se ejecutan automáticamente cuando se cumplen ciertas condiciones.

Los NFT tienen varias aplicaciones en el sector de la salud, incluyendo la representación de registros médicos. Un registro médico es un elemento muy sensible, que a menudo contiene información personal y privada. Una vez que una persona ha aceptado compartir sus datos con otra parte, ya no puede controlar cómo se utilizan sus datos o quién puede acceder a ellos.

Un NFT podría reemplazar los documentos en papel y proporcionar una versión digitalizada de estos registros que se pueden almacenar en línea en un solo archivo digital y al mismo tiempo mantener la misma seguridad y privacidad que otros documentos digitales. La clave para una gestión de registros adecuada es poder vincular diferentes piezas de evidencia para que cuando una pieza de datos cambie de propietario, todas las copias anteriores se actualicen automáticamente.

La tecnología también permite que médicos y pacientes participen en un sistema de atención médica más transparente y sean recompensados por participar en ensayos clínicos o compartir datos que podrían beneficiar a otros usuarios. Otros participantes del ensayo pueden tener acceso a datos anónimos sin temor a que esos datos se utilicen en su contra. Los beneficios potenciales de usar NFT de esta manera son muchos e incluyen:

- Mejora en la calidad de la atención.
- Mejora en el mantenimiento de registro.
- Mayor eficiencia.
- Reducción en los fraudes.
- Menores costos de atención.
- Mayor participación de los pacientes.

Pasar de un mundo analógico a un ecosistema altamente digital suele ser lento y costoso, pero es más fácil para los proveedores seguir el ritmo de las tecnologías digitales en evolución con la tecnología basada en blockchain.

Para permitir que cualquier sistema de información de salud profesional aproveche el poder de la tecnología blockchain, los principales actores de la industria de la salud, como Microsoft e IBM, han creado una plataforma llamada Hyperledger Fabric que permite que varias partes compartan un solo conjunto de datos. Al ser un proyecto de código abierto, cualquier proveedor de atención médica o institución médica puede adaptarlo sin costo alguno. Esto significa que el sistema es accesible para cualquier hospital o centro quirúrgico grande o pequeño con suficiente apoyo de su personal de TI, y todos los sistemas necesarios se habrán construido con anticipación. Luego, diferentes usuarios pueden acceder al mismo almacenamiento digital común e interactuar con él como si fuera su propio almacenamiento privado. Este espacio común también brinda a los usuarios la capacidad de acceder a todos los datos anteriores y configurarlos para que se ajusten a sus necesidades.

Los NFT en las Energías Renovables

El blockchain es una tecnología descentralizada, lo que significa que ninguna entidad única la controla. Puede funcionar como una base de datos compartida efectiva entre sus nodos (personas o máquinas) para procesar transacciones.

Esta plataforma abierta representa una amenaza para el control que los grandes actores tienen sobre el mercado energético global y potencialmente podría ofrecer energía a precios competitivos para todos. La falta de un control centralizado podría permitir que los consumidores de energía renovable se beneficien de costos más bajos, mayor transparencia y una mejor atención al cliente. Por ejemplo, los propietarios de paneles solares no necesitan la aprobación de un tercero antes de vender su exceso de energía a usuarios agrícolas o industriales o alquilar su espacio en el techo a cambio de dinero.

La naturaleza transparente, segura y confiable del blockchain lo convierte en la plataforma perfecta para registrar datos relacionados con el suministro y las transacciones de energía. Puede registrar datos de medidores inteligentes en diferentes ubicaciones, y todos pueden acceder al libro contable para mantener las cosas bajo control. El comercio de energía mediante el blockchain es una ventaja porque minimizará los costos asociados con intermediarios como bancos, corredores y reguladores.

La tecnología blockchain también permite a los hogares/individuos generar su propia electricidad a través de fuentes renovables, como la energía solar/eólica, y luego vender el exceso de electricidad a las redes a través de medidores inteligentes. Esto puede reducir las emisiones de carbono y fomentar el uso de energía verde. El sector de las energías renovables es un mercado importante para la inversión con un enorme potencial. El blockchain podría desempeñar un papel importante para facilitar las transacciones y la expansión del mercado.

Capítulo 5: Distribuyendo y Vendiendo Sus NFT

Realmente, ¿qué lo detiene? Puede incluir sus NFT recién acuñados en el gran intercambio, como Kyber Networks. Todo lo que necesita son unos pocos clics y una cuenta bancaria para comenzar. ¿Qué está esperando?

Los NFT tienen un nicho poderoso que podría tener una gran demanda a medida que se desarrolla la tecnología. Puede crear varios tipos de coleccionables digitales, incluidas obras de arte y artículos de edición limitada que las personas podrían querer o incluso necesitar en algún momento de sus vidas.

Distribuyendo Sus NFT

1.**Distribución por Airdrop**: Para distribuir cualquier NFT, primero debe distribuir el token a los titulares. Puede hacer esto lanzando tokens por airdrop a su red existente de usuarios o mediante sitios web que facilitan la distribución de tokens sin verificación KYC. Puede acercarse a intercambios como Binance y Coinbase para distribuir tokens que luego se intercambiarán por BTC/ETH o USDT. Algunos proyectos promueven la distribución por airdrop como una estrategia de marketing, con la esperanza de generar comunidad y utilidad en forma de interacción con los miembros de la comunidad, promociones de sus servicios y otros incentivos para los proveedores que desean participar en su ecosistema. Un airdrop también se puede usar para recopilar comentarios sobre la utilidad de su artículo digital, lo que puede ayudarlo a ajustar y maximizar sus ventas potenciales de NFT.

2.**Distribución Directa:** También puede distribuir directamente en un intercambio. Dado que es posible que los compradores ya tengan una cuenta con el intercambio, no necesitará realizar la verificación KYC para que compren su NFT bajo ciertas condiciones. Por ejemplo, podría distribuir su token a través de Binance como una apuesta más segura que una lista directa porque permite negociar contra BTC/ETH o USDT a un precio fijo que el intercambio establecerá antes de que comience la distribución.

Existen algunas diferencias principales entre distribuir por airdrop y de manera directa. Con un airdrop, las personas pueden comprar su NFT con su propio dinero con una prima. Debido a que el proyecto no es ampliamente distribuido, puede haber pocos incentivos para que las personas hagan esto si no hay algo especial en el token (como poca oferta y alta demanda, o características únicas con potencial de crecimiento).

Con ventas de límite máximo con descuento y distribución directa en un intercambio, puede establecer lo que cree que es un precio razonable por token para mantener la estabilidad de precios desde el comienzo de la distribución. También puede realizar un seguimiento de las órdenes de compra en los intercambios después de que comience la distribución para determinar cuál podría ser el valor justo de mercado para sus tokens.

3.**Distribución de Creación de Tokens:** Si bien los sitios web de creación de tokens aún se encuentran en las primeras etapas de desarrollo, tienen un enorme potencial para la adopción y el listado de NFT. Suponga que creó un NFT que representa el suministro total de algún producto básico escaso como el oro. Puede usar el sitio web para asegurarse de tener suficientes tokens disponibles para cubrir toda la demanda anticipada y mantener su valor estable durante la distribución. Es más fácil crear un sitio web de creación de tokens que un sitio web de intercambio porque la mayoría de las personas pueden codificar y usted puede usar su conocimiento para modificar el código del proyecto (como lo hace Ethereum con los contratos de tokens inteligentes) para implementar las características necesarias para que sus tokens funcionen correctamente.

Los sitios web de creación de tokens brindan otros beneficios. Primero, le brindan un control total sobre el exceso de oferta en comparación con un airdrop o una distribución directa. Puede definir el número de tokens en circulación y el precio del token si quiere que sea mayor o menor que el precio de mercado. En segundo lugar, si desea hacer un airdrop (como lo hizo OP Return), deberá esperar tokens adicionales antes de incluirlos en un intercambio. Con un sitio web de creación de tokens, puede simplemente presionar "ir" para crear su token y ponerlo en circulación sin limitaciones en su distribución inicial.

4. **Distribución Pública:** Si ya tiene una cuenta de intercambio, puede incluir su NFT allí de forma gratuita. Esta puede ser una excelente manera de obtener exposición para su artículo porque la mayoría de los intercambios ya tendrán usuarios establecidos que pueden querer comprar tokens por cualquier motivo.

El proceso es relativamente sencillo. Abriría una cuenta con el intercambio y luego usaría la API para crear tokens y enviarlos a su dirección de Ethereum. Una vez que se haya completado la venta, recibirá un correo electrónico del intercambio que incluye un monto de depósito que liberarán en su billetera Ethereum una vez verificado. Esto es como cuando vende cualquier otro activo en una plataforma como Binance conectada a su billetera Ethereum.

5. Ofrecimiento Privado: Un ofrecimiento privado es aquel donde debe demostrar su identidad con un intercambio porque está vendiendo valores o tokens que se encuentran bajo la jurisdicción de la SEC. Probablemente pueda encontrar un intercambio que haga esto de forma gratuita, pero probablemente será menos popular que los intercambios que solo cobran una tarifa.

6. Precio de OIC: Uno de los mayores beneficios de ejecutar su venta de tokens a través de un intercambio es establecer el precio cuando se crea una orden de mercado en el intercambio mismo. Esta es la mejor manera de vender sus tokens porque sabe cuál es el precio, pero solicitar una OIC en un intercambio probablemente aumentará la cantidad de tiempo o las etapas que le llevará aparecer en la lista.

Un ejemplo de un proyecto NFT que creó su propio intercambio es Bookie. Llevaron a cabo su OIC directamente en la plataforma una vez que estuvo completa para poder determinar qué precio pagaría la gente por su token. Sin duda, es una forma de garantizar que sus márgenes de ganancia sean lo más altos posible al realizar su venta.

7. Solicitar una OIC: También puede incluir su token en un intercambio a través del mismo proceso que lo haría si estuviera haciendo una OPI u OIC tradicional. Si su token es un valor, por definición está vendiendo valores, lo que significa que debe incluir su token en un intercambio operado por la SEC.

En última instancia, esto significa que debe realizar su propia recaudación de fondos con inversores que compren tokens de su empresa antes de que puedan cotizar en un intercambio. El beneficio de ejecutar este tipo de venta es que está completamente bajo su control al establecer el precio y distribuir tokens.

8. Intercambiar por Tokens Bancarios: Si está creando un token bancario como Mintchip, tiene sentido incluirlo en un intercambio centralizado. Los intercambios descentralizados todavía se están poniendo al día, y obtendrá el mejor acceso a sus tokens si están listados en un intercambio centralizado que está conectado a su cuenta bancaria.

9. **OIC en Intercambios:** Si puede conectar intercambios con las OIC, podría aumentar potencialmente la cantidad de personas que desean respaldar sus ofertas. Un ejemplo de esto sería cuando un intercambio ofrece organizar el evento de generación de tokens y distribuir los tokens automáticamente una vez que los usuarios los hayan comprado.

Esto facilitaría que las personas participen en una OIC porque ya son usuarios registrados. No tendría que preocuparse por administrar la compra y distribución de tokens. También puede crear un nuevo token u otro tipo de activo en su sistema y distribuirlo automáticamente en su intercambio sin crear su propia plataforma.

Incluir su NFT en un intercambio puede ser complicado según el marco que utilice. De hecho, existen ventajas y desventajas en el uso de intercambios centralizados además de los intercambios descentralizados. Esto es especialmente cierto cuando se considera que la mayoría de los intercambios centralizados no son de código abierto como los descentralizados.

En última instancia, debe decidir qué beneficios son más importantes para su proyecto y evaluar qué proceso es el más eficiente. También deberá comprender las limitaciones asociadas con cada tipo de intercambio o mercado para evitar posibles problemas antes de que comiencen. Una de las mejores maneras de asegurarse de que su proyecto tenga éxito es a través de la investigación y la planificación de antemano.

Entonces, una vez que haya evaluado todas sus opciones, debería tener una mejor idea de cuál funciona mejor para sus necesidades. Con suerte, este libro lo ayudará a lograr ese objetivo rápidamente y garantizará que su proyecto NFT pueda construir una base de usuarios establecida el día del lanzamiento.

Encontrando el Mercado Adecuado para Su NFT

Un mercado descentralizado es un componente clave para el éxito de una red blockchain. Aquí, arrojaremos algo de luz sobre los diferentes componentes que constituyen los mejores mercados, cómo funcionan juntos y qué los diferencia entre sí. También repasaremos algunas desventajas comunes de los NFT y consejos para evitarlas al desarrollar su mercado.

Exploremos los detalles para encontrar el mercado descentralizado adecuado para sus necesidades como desarrollador de NFT. Está a punto de descubrir información básica sobre lo que constituye un buen mercado descentralizado y cómo funciona junto con otros componentes de la red blockchain.

Pero primero, repasemos algunas preguntas comunes en la mente de los desarrolladores de NFT que buscan crear sus propios mercados.

P: Soy desarrollador de juegos; ¿Cómo puedo aprovechar al máximo mis NFT dentro de mi experiencia de juego? ¿Cuáles son algunos de los beneficios que puedo ofrecer a mis jugadores al crear un mercado?

R: Hay muchas formas de incorporar un mercado descentralizado en su juego. Recomendamos usarlo para intercambiar de jugador a jugador y aumentar el valor de sus artículos en el juego. También puede intentar usarlo para potenciadores y para obtener elementos y piezas raros o únicos para mejorar su avatar o personaje en el juego.

P: ¿Hay algún tipo de implicaciones fiscales al usar un mercado? ¿Cuáles son algunas áreas a tener en cuenta dentro del sistema tributario?

R: Debe pagar impuestos sobre los artículos que vende y sobre cualquier tarifa que cobre a los compradores. Recomendamos consultar con su gobierno local o federal para conocer cuáles pueden ser estas tarifas, ya que pueden variar según el país. Además, sus artículos aún podrían incurrir en problemas de oferta y demanda a través de un mercado descentralizado, así que controle el valor de mercado de sus NFT para evitar cobrarles de más.

Debe mantenerse actualizado sobre las últimas noticias relacionadas con su criptomoneda.

El mercado NFT es el elemento más crucial de cualquier red blockchain. Es una buena idea aprender cómo funciona junto con otros componentes para garantizar que su mercado esté bien pensado y funcione apropiadamente.

A continuación, revisemos algunas de las preguntas frecuentes más frecuentes relacionadas con los mercados de NFT.

Preguntas Frecuentes

P: Si un comprador deja comentarios negativos sobre un artículo, ¿eso afectará mi puntaje de reputación? ¿Afectará las futuras transacciones que realice con este usuario?

R: El único comentario negativo que tendrá lugar es si el comprador no está satisfecho con su compra. Esto no afectará su puntaje de reputación ni causará ningún problema en transacciones futuras.

P: ¿Tengo que pagar algo cuando vendo en el mercado? ¿Habrá alguna tarifa por publicar mi artículo?

R: No hay tarifas por vender sus artículos en nuestra plataforma. Los compradores pagarán la tarifa de red requerida.

Si está interesado en crear un mercado de activos digitales, debe saber cómo estos componentes funcionan juntos para que el mercado funcione. Aprenda qué hace que un mercado de activos digitales sea bueno y cómo evitar posibles escollos.

¿Qué Hace Bueno a un Mercado de Activos Digitales?

Los mercados descentralizados bien diseñados son vitales para que los desarrolladores y usuarios de blockchain hagan realidad la visión de los NFT en su conjunto. Los siguientes tres aspectos hacen que un mercado de NFT sea completo y capaz de retener a sus usuarios.

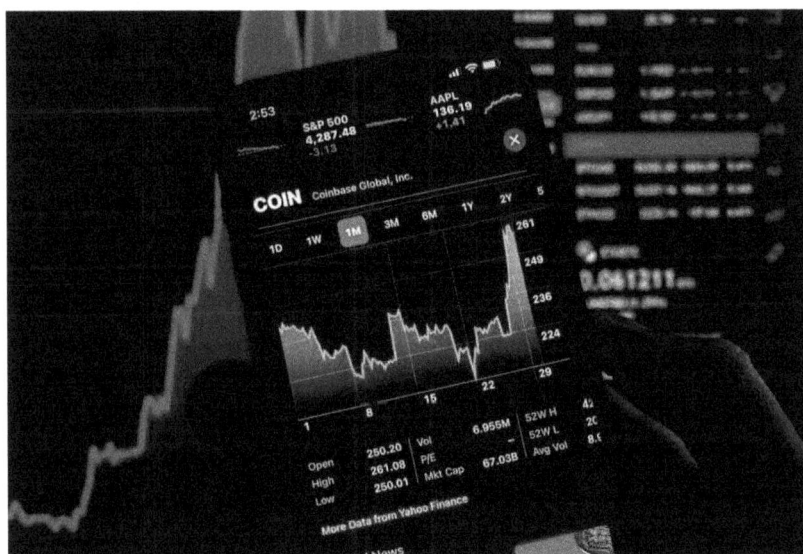

En primer lugar, se requiere una competencia adecuada para mantener el mercado sano y competitivo. La competencia mantiene la igualdad de condiciones para los compradores que quieren encontrar las mejores ofertas y los vendedores que quieren vender sin gastar dinero en publicidad.

En segundo lugar, la transparencia es clave para generar confianza entre el comprador y el vendedor. Esto significa que cada faceta de sus artículos debe definirse claramente en las descripciones, para que los compradores sepan lo que obtienen cuando compran su artículo. Los vendedores también deben ser transparentes en sus listados para mantener a sus compradores satisfechos con su proceso de oferta.

El tercer y último aspecto es la liquidez, o la capacidad de negociar un artículo. Cuanta más liquidez tenga su mercado, más fácil será para los compradores y vendedores encontrarse entre sí. El blockchain diseña diferentes formas de mantener la liquidez en sus mercados, pero siempre tenga en cuenta estos tres aspectos al diseñar un mercado.

¿Cómo Funciona la Liquidez Dentro de un Mercado?

La liquidez se refiere a la disponibilidad de compradores y vendedores dentro de su mercado en un momento dado. Si tiene una liquidez alta, su plataforma tendrá muchos compradores y vendedores al mismo tiempo, lo que permitirá que el artículo se venda rápidamente. Por el contrario, la baja liquidez limitará la capacidad de comprar o vender un artículo rápidamente.

Hay tres formas principales de aumentar la liquidez dentro de un mercado. Primero, considere las zonas horarias: ¿A qué hora están activos la mayoría de sus usuarios? Debería tener muchos compradores y vendedores en su plataforma durante ese tiempo. También puede considerar tener acceso las 24 horas, los 7 días de la semana ofreciendo soporte telefónico o a través de vías adicionales que aumenten la disponibilidad de posibles transacciones. Finalmente, considere agregar una opción de pago global, como dinero fiduciario o criptomonedas: esto garantizará que los compradores y vendedores del extranjero puedan comerciar dentro de su mercado, independientemente de su sistema de moneda preferido.

Independientemente de cómo aumente la liquidez, su plataforma debe ser lo más accesible posible para los usuarios; de lo contrario, podrían irse. La conclusión es que todos estos puntos son cruciales para lograr un mercado NFT de alto rendimiento.

Errores Comunes de los Mercados Descentralizados

Puede ser difícil desarrollar un mercado ideal para activos digitales. ¡Revisamos muchos mercados de activos digitales diferentes y describimos algunos de sus errores a continuación para que pueda evitarlos al crear el suyo propio! Evite estos errores comunes en todo el criptomundo cuando diseñe el suyo.

1.No Tener Protección del Usuario

Se han lanzado muchos proyectos de blockchain para proporcionar a los usuarios un ecosistema comercial confiable. Sin embargo, es importante considerar cómo protegerá a otros usuarios mientras están en su mercado. ¿Tiene un sistema de reputación? ¿Qué sucede si otro usuario deja un comentario negativo sobre un artículo que ya se ha comprado? ¿Cómo evita que estas cosas afecten negativamente la reputación de otros usuarios? En el mundo del comercio en línea, todos estos son aspectos importantes que deben tenerse en cuenta antes de lanzar su mercado.

2.No Tener Beneficios para los Vendedores

Una gran parte de la creación de un mercado de activos digitales exitoso requiere que comprenda cómo equilibrar ambos lados de la ecuación: compradores y vendedores. Pero, ¿cómo proporciona a sus usuarios las mejores ofertas y, al mismo tiempo, garantiza que los vendedores reciban un trato justo? La forma más común de hacerlo es mediante el cobro de una comisión. Si bien esto puede parecer rentable, puede ser difícil para los compradores ver a dónde va su dinero.

3.No Tener Configuración de Autoservicio

La forma más fácil y efectiva de determinar cuánto cobrar a compradores y vendedores es a través de un sistema de fideicomiso. Los compradores saben que pueden confiar en que no les cobrará de más, y los vendedores saben que pueden confiar en que los compradores no irán a otra parte por el precio más bajo. La forma más común de crear esta confianza es a través de un sistema de reputación. Como se mencionó anteriormente, los usuarios pueden ver que tiene una buena reputación y no les cobrará de más.

Conclusiones Finales sobre los Mercados Descentralizados

Al final del día, debe comprender cómo crear un mercado de activos digitales ideal para sus usuarios. Ya sea que esté buscando otras formas de aumentar la liquidez dentro de su plataforma o implementar un sistema de reputación, es importante tener una idea de lo que hace que un mercado sea bueno para que pueda hacer crecer su negocio y alcanzar mayores alturas.

Un Comentario Rápido sobre Impuestos

Es importante saber que cuando vende un NFT, el IRS puede gravarlo como un valor. Dado que este es un mercado emergente, todavía se está tratando de establecer pautas sobre lo que cuenta como propiedad y brindar orientación sobre cómo se deben gravar en diferentes situaciones.

Si no informa sus ganancias correctamente o no paga los impuestos correspondientes, probablemente lo descubrirán de una forma u otra y lo penalizarán por ello. Si tiene alguna pregunta, consulte con su contador antes de decidir qué tipo de tratamiento fiscal deben tener sus NFT.

Capítulo 6: Los NFT en el Mundo Real

Hay muchos casos de uso diferentes para los NFT, pero la propiedad digital es una de las más emocionantes. Es una de las partes más importantes de la economía del Metaverso que puede ofrecer nuevas posibilidades para que las personas desbloqueen su creatividad y conviertan las ideas en realidad a través de la tecnología blockchain. Al crear arte digital, música y otras obras creativas, las personas pueden hacer más de lo que jamás han hecho antes.

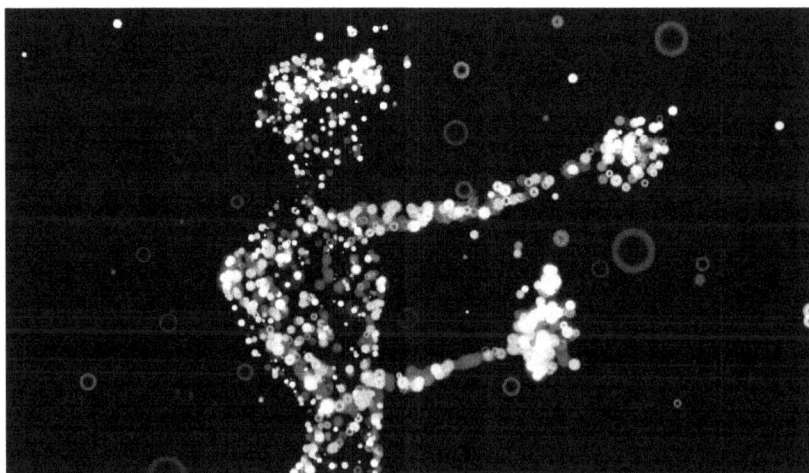

¿Qué Es El Metaverso?

El Metaverso es el nombre de un sistema de Realidad Virtual (RV). Es similar a Second Life, donde los avatares pueden crear sus propios mundos en línea con edificios y gráficos en 3D, junto con chat de texto completo, comunicaciones de voz y video. El Metaverso también incluye activos digitales o elementos como automóviles o muebles comprados con algo como Bitcoin. Una gran diferencia entre los dos sistemas es que Second Life ha sido utilizado por empresas comerciales como Microsoft, Nike, Adidas y Neiman Marcus, respectivamente, para vender productos a largo plazo. Por el contrario, la RV se ha utilizado principalmente con fines de entretenimiento, como jugar videojuegos o participar en eventos sociales.

El Metaverso funciona con su propia criptomoneda, Ether. Ethereum es una plataforma y un lenguaje de programación que ayuda a crear aplicaciones que se ejecutan exactamente como se programaron sin posibilidad de tiempo de inactividad, censura, fraude o interferencia de terceros. Ether es la moneda transaccional para aplicaciones en la plataforma Ethereum y actualmente tiene una tasa de cambio de $8,17 por 1 Ether. Según CoinMarketCap.com, la capitalización de mercado actual de Ether es de poco más de 927 millones de dólares con un volumen comercial diario de 6 millones de dólares. El suministro total de Ether eventualmente se limitará a 120.204.286 unidades, y solo toma aproximadamente 14 segundos generar un bloque en la red. La recompensa por bloque actual es de 12,5 Ether y disminuirá un 2,5 % cada año hasta llegar a una centésima parte del suministro total de Ether, en algún momento del año 2140.

Algunas aplicaciones creadas sobre Ethereum incluyen la actualización The Metropolis (Ethereum Classic), que se lanzó el 31 de octubre de 2016. Esta actualización agregó una nueva característica llamada EVM (Ethereum Virtual Machine), que permite alojar aplicaciones sobre Ethereum, y una actualización del protocolo de consenso de la red llamado Casper, que tiene un número finito de bloques en su etapa final (o *época*). Otros proyectos que se están construyendo y probando en Ethereum incluyen OmiseGo, Polkadot y Zilliqa, entre otros.

Cómo Funcionan los NFT en el Metaverso

El mensaje detrás de no tener fungibilidad es bastante simple; es una forma de evitar la correlación entre diferentes activos en diferentes redes. Tradicionalmente, si tuviéramos dos industrias separadas (música o arte, por ejemplo), tendríamos monedas o tokens separados, cada uno representando solo esa industria en particular. Usaremos algunos ejemplos de cómo los propietarios de NFT pueden usar el ecosistema del Metaverso.

Imagine que es creativo y quiere lanzar su propio álbum. Comienza creando un NFT que represente su álbum, que luego se puede comprar y vender en un mercado de intercambio o entre pares como en el mercado del Metaverso. Dado que le interesa que la mayor cantidad de gente posible compre tu álbum, decide regalar una pista gratis cada semana durante las primeras tres semanas de lanzamiento del álbum; después de eso, los usuarios pueden comprar el resto de las pistas. Su objetivo es promocionarse para ganar tracción y eventualmente aumentar las ventas en intercambios como el nuestro.

En este escenario, el principal beneficio de usar un NFT es la naturaleza inherente de la no fungibilidad, lo que significa que cada token es único y no se puede usar ningún otro token para representar lo mismo. Imagine si tuviera que regalar una copia de su álbum a mil personas diferentes, esto no sería lo ideal. En su lugar, podría simplemente regalar 10 tokens diferentes, donde cada persona puede tener su propia copia individual.

Con todos estos tokens flotando en los intercambios y vendiéndose, es posible que vea un aumento en la demanda y las ventas de estos tokens, ya que las personas los ven como un elemento único que les permite interactuar directamente con su música.

Como puede ver, este es un ejemplo muy específico que se basa en un par de piezas diferentes dentro del ecosistema del Metaverso para funcionar. Primero, para que su álbum esté representado por un NFT, deberá crearlo con el SDK del Metaverso; si no puede hacer esta parte usted mismo, otro desarrollador tendrá que hacerlo por usted.

En segundo lugar, este NFT necesitaría el soporte de la red principal del Metaverso para funcionar correctamente, al igual que con nuestra aplicación de identidad digital. Una vez que esto esté configurado, puede crear tokens que representen su álbum y luego gastar los tokens para interactuar con él dentro del ecosistema del Metaverso.

La no fungibilidad es una de las características más emocionantes de la tecnología blockchain. Al crear tokens no fungibles, eventualmente podríamos ir más allá de lo que ha sido posible con aplicaciones e infraestructuras centralizadas. También es extremadamente útil para casos de uso más simples, como permitir que los usuarios tengan activos únicos en una sola plataforma. Los activos no fungibles pueden permitir que existan múltiples tipos de aplicaciones en una plataforma sin tener que preocuparse por la colusión o la fuga de datos entre los activos.

El Uso de los NFT en el Metaverso

¿Qué se puede hacer con los NFT en el metaverso? Los NFT son un nuevo tipo de activo digital que se puede utilizar en cualquier mundo virtual. Pueden representar cualquier cosa, desde elementos específicos del juego, como armas, armaduras y avatares, hasta piezas raras de contenido, como hechizos mágicos. Además de ser activos de blockchain que se pueden intercambiar libremente entre usuarios, también son Turing completos, *lo que significa que poseen todas las capacidades de los programas informáticos normales.*

Esto significa que prácticamente cualquier cosa que pueda hacer con un programa de computadora en el mundo real, puede hacerlo con un NFT en el propio metaverso. Este capítulo profundiza en los tipos de aplicaciones que la gente ya ha creado con NFT y los posibles usos de los NFT en el futuro.

El Gran Desconocido

Al pensar en las aplicaciones de los NFT, puede ser útil referirse a la popular película The Matrix. En la película, los personajes se sumergen en un mundo generado por computadora que se siente real y en el que sus acciones tienen graves consecuencias. Si bien son conscientes de que están en una simulación, o "la matrix", siguen participando porque es más agradable que lidiar con la dura realidad.

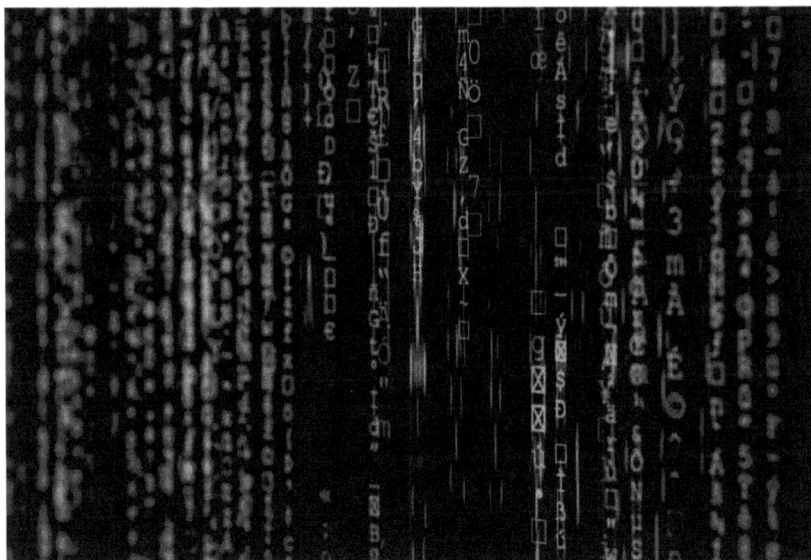

Aquellos que intentan escapar de la matrix se enfrentan a desafíos de enormes proporciones. Sus mentes no pueden asimilar lo que está sucediendo, por lo que hay dolor, confusión y desorientación extrema a medida que sus cuerpos se vuelven papilla. La película es una advertencia contra la inteligencia artificial. Los informáticos han advertido durante mucho tiempo que la construcción de máquinas inteligentes podría ser catastrófica para la humanidad, y The Matrix es el ejemplo más popular de la cultura pop de este escenario de pesadilla.

En la actualidad, nadie conoce las capacidades exactas de un metaverso NFT o cómo se sentiría vivir en él. Si bien hay muchos ejemplos de mundos de realidad virtual sofisticados, todos están muy estilizados y no pueden imitar la realidad de manera seria. Todo lo que podemos hacer es teorizar sobre cómo podría comportarse un futuro metaverso porque carecemos de las herramientas para construir uno nosotros mismos.

Una de las cosas más interesantes de un metaverso basado en blockchain es que nadie será el propietario. Un metaverso tradicional sería propiedad de una corporación privada para decidir qué tipos de aplicaciones pueden ejecutarse en su plataforma. Estas aplicaciones serían jardines amurallados con acceso restringido, y su modelo de negocio giraría en torno a la venta de contenido del juego a los usuarios.

El metaverso basado en NFT, por el contrario, no tendrá una autoridad central que lo controle ni a él ni a sus aplicaciones. Cualquiera puede activar su propio nodo y comenzar a participar en la red, y los propios usuarios tendrán control total sobre las entidades con las que interactúan. El metaverso será completamente descentralizado y democrático: no habrá una persona sentada en medio de él decidiendo con qué entidades pueden interactuar los usuarios.

Actualmente, la mayoría de los mundos digitales están controlados por corporaciones que los utilizan para ganar dinero. Ellos han hecho las reglas y se han llevado las ganancias. Pero en el metaverso basado en NFT, nadie será el propietario. Cualquiera que quiera puede lanzar su propia aplicación y comenzar a construirla sin límites ni restricciones. Lo único que los detiene es su imaginación. No hay límite para la cantidad de grupos de personas que pueden participar en la creación conjunta de una aplicación, incluso si esos grupos provienen de diferentes países del mundo.

El Metaverso como una Plataforma

Hoy en día, Internet es una plataforma para distribuir información. Ha permitido que surja toda una nueva economía de creadores de contenido. Ahora hay industrias enteras dedicadas a producir videos y podcasts, escribir artículos de noticias y publicaciones de blogs, o brindar entretenimiento en forma de podcasts o transmisiones de video. Internet ha creado miles de millones de dólares de riqueza para aquellos que lo han aprovechado. Sin embargo, también ha hecho que algunas personas se vuelvan muy ricas a expensas de todos los demás, tales como Mark Zuckerberg y Jack Ma, que poseen una gran parte de nuestras vidas digitales.

Un metaverso descentralizado será una plataforma para crear aplicaciones comerciales del mundo real. Puede imitar la función de empresas como Uber y Airbnb al permitir que cualquier persona ofrezca servicios a una fuerza laboral bajo demanda. Puede actuar como un mercado para bienes digitales como lo hace Amazon para bienes convencionales. Si lo piensa, el metaverso basado en NFT es solo una versión más avanzada de los sitios de mercado que usamos hoy para comprar productos físicos. En lugar de comprar *productos físicos*, los usuarios podrán usar NFT para comprar *productos digitales*.

El metaverso NFT puede incluso ser el primer sistema que nos permita lograr una verdadera inteligencia artificial. Al crear un sistema que permita que los programas se comuniquen entre sí, potencialmente podemos crear entidades capaces de replicar cualquier aplicación humana. Un metaverso diseñado adecuadamente podría ser una gran ayuda para todos en el planeta porque nos permitiría eludir muchas de las limitaciones del desarrollo de software normal. Es como poder construir una nueva ciudad usando solo rascacielos prefabricados en lugar de tener que excavar los cimientos nosotros mismos.

Los NFT también proporcionarán una forma más democrática de adquirir recursos en el mundo digital que la que está disponible actualmente. Hoy en día, puede ser difícil para un usuario conectarse con una aplicación si no tiene suficiente moneda en el juego o algo como Status Oro en un mercado. Esto puede significar que las personas que no tienen el dinero o el tiempo para gastar en juegos quedan excluidas de los nuevos e interesantes servicios digitales. Al crear un sistema en el que los usuarios puedan intercambiar activos entre sí directamente en lugar de tener que comprarlos a través de intercambios centralizados, podemos permitir que los usuarios de todo el mundo accedan a las aplicaciones que desean y merecen.

El Futuro Está Aquí

El metaverso de NFT ya está aquí de muchas maneras, al menos conceptualmente. Las herramientas ya existen en forma de Ethereum y WebAssembly. Los programas pueden comunicarse entre sí a través del blockchain. El hecho de poder mover el valor ya ha permitido a los desarrolladores crear una amplia variedad de aplicaciones interesantes. Puede comprar tierras virtuales, armas y máscaras para videojuegos, apostar en deportes, coleccionar sus propios coleccionables y tarjetas virtuales, y mucho más con NFT.

Si alguna vez vio la película distópica *Ready Player One*, sabe que los NFT (tokens no fungibles) son una parte importante de la historia. Todos recordamos cómo el personaje principal, Wade Watts (o Parzival), recolectó y vendió NFT para financiar su búsqueda de un Huevo de Pascua que le daría la propiedad de la gran fortuna de James Halliday. Ahora que conocemos esta nueva y genial tecnología, ¡es hora de descubrir cuáles son!

Los NFT son básicamente criptomonedas con atributos digitales únicos. El ejemplo más famoso es Bitcoin: es esencialmente un dato que se puede replicar, representado por una cadena de números. Pero los NFT también tienen atributos digitales únicos: nadie posee todos los Bitcoin del mundo, y solo puede existir un "Bitcoin" en un momento dado.

Proponer NFT no es una idea nueva; Internet los ha estado construyendo durante años. Pero ahora, finalmente tenemos la tecnología para hacerlo realidad. El primer caso de uso surgió del proyecto Ethereum en julio de 2016. ERC-721 está diseñado para permitir que las empresas creen sus propios tokens digitales y los vendan como valores en su propio blockchain. Desde entonces, muchos proyectos de blockchain han lanzado sus propios NFT. El ejemplo más famoso fue CryptoKitties en diciembre de 2017, pero ahora hay muchos otros disponibles en una variedad de plataformas.

Los NFT han sido aclamados como el primer paso hacia la Web 3.0, donde Internet está completamente descentralizado y es propiedad de las personas que lo usan. La aparición de NFT nos muestra cuán cerca estamos de esta nueva ola de organización social. Aunque todavía no están tan extendidos como las monedas fiduciarias o las acciones en empresas centralizadas, definitivamente llegaron para quedarse.

Más personas están aprendiendo de su importancia. El Departamento de Comercio de los EE. UU reconoció recientemente el potencial de los NFT en la economía del país. y publicó un informe llamado "Cómo la Tecnología Blockchain Podría Transformar el Comercio Global". Podemos esperar que instituciones más influyentes hagan lo mismo y reconozcan sus casos de uso en los próximos años.

Desde una perspectiva más amplia, los NFT nos muestran hasta dónde estamos dispuestos a llegar en nuestra búsqueda de la libertad, la descentralización y la organización económica grupal.

Una vez que se conviertan en la corriente principal, será difícil para los gobiernos o las empresas volver a controlarlos. El gobierno siempre ha buscado el control de los activos digitales a través de regulaciones y requisitos de licencia; ahora, tendrá incluso menos apalancamiento que antes.

Si queremos vivir en una sociedad verdaderamente libre, no hay mejores tecnologías que los NFT para ayudarnos a llegar allí. Para obtener más información sobre los NFT de activos del mundo real, puede consultar nftstreet.com o nftbetting.com, donde puede obtener toda la información que necesita sobre los principales NFT como Sandbox y Decentroland.

Capítulo 7: Dónde Comprar y Vender NFT

¿Dónde se pueden comprar NFT? Los NFT son criptocoleccionables con un valor basado en el rendimiento de su juego. La mejor manera de comprar NFT es mediante el uso de un intercambio que ofrezca comerciar, pero también hay criptomonedas que enlazan directamente a los intercambios de NFT. Cada NFT tiene su propia identificación de activo vinculada al código fuente de un juego o aplicación. Como propietario, también puede realizar un seguimiento de qué activos se han movido sus elementos NFT de un juego o plataforma a otra a través del blockchain.

¿Cómo Puedo Comprar NFT?

No existe un mercado centralizado para comprar NFT. En cambio, los NFT son creados por desarrolladores de juegos que poseen la propiedad intelectual asociada con sus proyectos. Hasta hace poco, los desarrolladores de videojuegos solo podían "vender" estos coleccionables cuando se asociaban con una empresa para crear una serie de artículos de edición extremadamente limitada. Esta sigue siendo la práctica para muchos coleccionables, pero con el continuo crecimiento de la industria de los videojuegos, hay más espacio para los NFT en el mercado.

¿Cómo Sé Si Mi NFT Es Seguro?

El valor de su coleccionable virtual depende casi por completo de dos factores: cuánta demanda tiene su juego y qué tan raro es dentro de su juego. Para mantener un nivel confiable de interés en un juego, es recomendable investigar diferentes juegos antes de invertir en cualquier NFT. A medida que los desarrolladores solucionan problemas y agregan contenido nuevo a sus creaciones, su popularidad puede crecer con el tiempo. Esto significa que incluso los elementos comunes pueden ser valiosas adiciones a su colección si están asociados con juegos populares. Como regla general, cuanto más raro sea un artículo NFT, más valioso será.

¿Cómo Puedo Vender Mis NFT?

Es importante recordar que un blockchain es un libro contable descentralizado, por lo que no puede ir a un lugar para intercambiar o vender sus artículos virtuales. En consecuencia, deberá realizar transacciones en el juego manualmente a través de criptointercambios. Por lo general, tendrá que configurar transacciones individuales para vender y comprar NFT porque no se negocian libremente como otras criptomonedas.

Para vender sus NFT, debe poseer una clave privada que le permita desbloquear el valor de sus activos digitales en Blockchain. Como propietario de su ID de activo, también puede mostrar y comercializar su artículo coleccionable en varias plataformas y tiendas en línea.

Los NFT Más Populares

¿Cuáles cree que serán los NFT más populares en 2022? ¿Será una *startup* potencialmente revolucionaria, como CryptoKitties, o una empresa *establecida* como Nike? ¿Qué pasa con algo que no hemos visto antes, como Collectibles for Charity – Cards Against Humanity Edition? ¡Tal vez haya alguna tecnología nueva en la que ni siquiera hemos pensado todavía!

Solo el tiempo dirá. Hasta entonces, aquí está mi lista de los diez NFT más populares en 2022:

- CryptoKitties (mil millones de usuarios)
- NFT de Nike (760 millones de usuarios)
- Fan Bits (530 millones de usuarios)
- Tokens PIRL (355 millones de usuarios)
- Cartas Coleccionables de Rare Pepe (270 millones de usuarios)
- CryptoDeck (270 millones de usuarios)
- FunFair Casino (230 millones de usuarios)
- Tokens ICONOMI (200 millones de usuarios)
- "Cartas coleccionables" de World of Warcraft (190 millones de usuarios)
- CryptoBots (180 millones de usuarios)

¿Por qué los CryptoKitties son populares? A la gente le encanta la idea de los gatitos intercambiables digitales. ¿Qué haría si pudiera votar por qué gatito quedarte? ¿Comprar el más valioso? ¿El más raro? ¿El favorito? ¿Dónde radica su lealtad en este juego de ruleta de gatos? Es un buen y sólido juego para todas las edades y géneros. ¿Quién no quiere coleccionar gatitos digitales?

¿Por qué los NFT de Nike son populares? ¡Puede personalizar sus zapatos con emojis! ¿Por qué no querría hacer esto? ¿Quién no quiere elegir los colores de las zapatillas de baloncesto de sus niños o niñas según los colores de su equipo deportivo favorito? ¿Por qué no querría elegir un color de calzado con la mascota de su equipo favorito? Starfire y Fearless Tiger se ven bien juntos.

¿Por qué los Fan Bits son populares? Todos los aficionados quieren ser parte de su equipo. Al igual que Pokémon Go, los Fan Bits permiten a los fanáticos atrapar a sus jugadores favoritos y ponerlos en el campo para su equipo. ¿No le gustaría poder ser parte de su equipo favorito de la MLS o de la Premier League? Yo sí.

¿Por qué los Tokens PIRL son populares? Las cartas coleccionables no son tan fáciles de ganar, pero son divertidas para jugar con sus amigos. Solo una persona puede ganar un premio, lo cual es una de las principales razones por las que son tan populares entre los jóvenes y los adultos competitivos.

¿Por qué las cartas coleccionables de Rare Pepe son populares? Al igual que las cartas de Pokémon, ¿qué mejor manera de mostrar su apoyo a tu equipo favorito que intercambiando memes de Rare Pepe con sus amigos?

¿Por qué CryptoDeck es popular? CryptoDeck no solo es divertido y fácil de jugar, sino que también puede ganar muchas monedas jugando con él. ¡Es fácil ganar porque obtiene muchas monedas jugando con una sola mano! Así es, ¡solo se necesita una mano para jugar! La segunda mano solo se usa para el multiplicador de bonificación. Es una excelente manera de acumular esas monedas necesarias para juegos de nivel superior.

¿Por qué FunFair Casino es popular? FunFair Casino es el mejor porque tiene muchos juegos. Cuando va a un casino, puede contar con que habrá blackjack porque es un clásico. Bueno, FunFair Casino tiene blackjack, ¡y también tienen todo lo demás!

Incluso hay un lindo gatito que camina, pasando por todas las mesas. ¿No es lindo?

¿Por qué los Tokens ICONOMI son populares? Los tokens ICONOMI solo están disponibles para inversores verificados por ahora. Aun así, puedo verlos irrumpir en los mercados a lo grande cuando se proporcionen a todos los inversores en 2022.

¿Por qué las "cartas coleccionables" de World of Warcraft son populares? Un juego que tiene más de 20 años de historia y miles de fanáticos reuniendo a sus jugadores favoritos, seguro que será un éxito. No es de extrañar que ya se estén volviendo populares.

Sitios Web para Comprar y Vender NFT

¿Cuáles son los mejores sitios web para comprar y vender NFT? Hay muchos sitios web para elegir, y algunos son extremadamente buenos en cuanto a su apariencia. Aquí hay una lista de sitios web con la mejor apariencia y la sensación más profesional.

Los NFT representan tokens no fungibles. Son diferentes a los activos digitales como acciones, bonos o criptomonedas porque no pueden ser replicados. Son únicos y cada token tiene una historia diferente. Esto los hace perfectos para coleccionar y comerciar, y para hacer artículos de juegos como retratos de jugadores o máscaras. Hablemos de los mejores sitios para comprar y vender NFT.

Binance fue creado para ayudar a las personas y empresas en el criptoespacio a intercambiar fácilmente sus monedas digitales. Esto incluye Bitcoin (BTC), Litecoin (LTC), Ether (ETH) y algunos más. También ofrece el token nativo de Ethereum, llamado "Ether" o "ETH". La plataforma ha demostrado ser confiable, segura y rápida. Con más de un millón de usuarios registrados y solo 150 empleados de tiempo completo en Binance, es evidente que están dedicados a brindar comodidad a sus clientes y tecnología sin igual para reducir el riesgo de pérdida potencial al ofrecer instalaciones de billetera de almacenamiento en frío en su plataforma de negociación.

La plataforma Binance también es compatible con dispositivos móviles avanzados, lo que le da una ventaja competitiva sobre otras plataformas. Además del comercio de cripto a cripto, Binance es popular entre los comerciantes de cripto porque se basa en su lista de tokens. Los usuarios pueden solicitar que sus tokens se incluyan en el intercambio si pueden aprobar una revisión de los fundamentos y la tecnología subyacentes de los tokens.

Poco tiempo después de su lanzamiento en 2017, Binance declaró que ganó más de $150 millones en solo uno de sus primeros trimestres vendiendo nuevos tokens. Esto ha llevado a muchas criptomonedas existentes y futuras a aprovechar la oportunidad que presenta el intercambio y solicitar ser cotizadas.

Crypto.com le brindará transferencias fluidas a moneda fiduciaria, sin riesgo de tasas de cambio gracias a las tasas de conversión fijas y justas de Crypto.com. También disfrutará de retiros y depósitos realizados en ambas monedas (criptomonedas y fiduciarias) directamente desde el saldo de su cuenta, sin necesidad de terceros como bancos o casas de cambio. También ofrecen atención al cliente las 24 horas, los 7 días de la semana (disponible en línea y por teléfono).

OpenSea es el mercado más popular que le permite operar con más de 10.000 criptomonedas diferentes. OpenSea garantiza que todas las transacciones se completen e incluso puede vender clips de voz, música y video. La gente usa esta plataforma porque no necesita KYC para vender productos digitales. Puede vender artículos a otros usuarios por Ether o por dólares u otras criptomonedas a través del token nativo del mercado, SEAT (Seat).

Rare Bits es un mercado en línea donde puede comprar, vender y descubrir activos digitales únicos. Puede comprar y vender artículos virtuales únicos con criptomoneda o moneda fiduciaria (PayPal), disfrutar de nuevos artículos agregados diariamente, y los artículos utilizan contratos inteligentes que evitan el fraude y la censura. Fue fundado por Kevin Nam en 2019 y rápidamente ha acumulado seguidores leales de coleccionistas y comerciantes. RareBits ofrece muchas ventajas sobre otros intercambios centralizados o descentralizados. Es un intercambio centralizado, pero también utiliza tecnología de registro distribuido para garantizar transacciones rápidas y seguras. Esto significa que puede operar de forma segura sin riesgo de ser estafado. La interfaz es fácil de usar. Puede realizar un seguimiento de las operaciones pasadas y presentes en la plataforma mediante gráficos y tablas. El libro de pedidos de RareBits se actualiza en tiempo real, por lo que los usuarios disfrutan de transacciones rápidas y confiables para sus NFT. Finalmente, los usuarios que quieran comprar o vender sus NFT pueden utilizar tres tipos de órdenes diferentes: subasta, límite y mercado. Esto garantiza que obtenga la mejor oferta para sus NFT mientras los intercambia en RareBits.

Rare Crypto es un mercado completamente nuevo donde puede comprar y vender criptocoleccionables en el blockchain. Puede intercambiar NFT a través del confiable intercambio impulsado por contratos inteligentes. No es necesario registrarse. Use su billetera MetaMask o clave pública para realizar compras en su navegador. Puede operar al instante y tiene acceso a múltiples opciones de pago.

NFT Market es un excelente mercado donde puede intercambiar artículos coleccionables virtuales. Admite una variedad de criptomonedas y tokens y otros activos digitales interesantes como valores, arte digital, cartas coleccionables (e-sports, artículos de juegos, ilustraciones de personajes) y criptomonedas únicas y raras (Ethereum, Ethereum Classic, Iconomi y Crypti).

IncentR es un mercado único que permite a las personas comprar fácilmente diferentes tipos de artículos de juegos, como máscaras o retratos, con Metamask y otros tokens ERC-721.

Loom Network es un mercado que le permite intercambiar NFT identificables por aprendizaje automático. Personalice los elementos con un motor de representación 3D y, a continuación, entrénelos con sus propios artículos. Una vez entrenados, se pueden intercambiar en la plataforma.

Swarm es un mercado descentralizado donde puede vender o comprar cualquier tipo de artículo dentro de su mundo sandbox. Puede comprar y vender artículos únicos (coleccionables virtuales) y almacenar cualquier tipo de activo digital en la billetera basada en la nube (ERC-20, ERC-721, OpenZeppelin).

TOS es un mercado donde puede comprar y vender tokens ERC-721.

CryptoDerivatives es un mercado donde puede negociar diferentes tipos de derivados de criptomonedas. Se puede comprar y vender con criptomonedas o moneda fiduciaria (PayPal).

Unique Trades es uno de los pocos mercados en el mundo donde puede comprar y vender activos digitales coleccionables como artículos de juegos, personajes de anime, Pokémon, etc. Puede comerciar usando múltiples monedas en su intercambio líquido como BTC, ETH, BCH, LTC, DOGE, y más.

Decentraland Marketplace es un mercado descentralizado para comprar y vender LAND. Se ejecuta en el blockchain de Ethereum y puede usar cualquier token para comerciar dentro del mercado.

Otros sitios web que puede usar para transacciones de NFT son:

- https://rarible.com
- https://opensea.io
- https://metamask.io
- https://www.crypto-trade.com/en
- https://www.vinchain.io/en
- https://www.gamestate.co/marketplace

Recuerda que algunos sitios no le permitirán comprar debido a restricciones basadas en su región o nicho. Además, varios mercados especializados de NFT (como NBA Top Shot) permiten intercambiar artículos únicos con otros usuarios. Estos mercados difieren de los mercados tradicionales, ya que se centran en ediciones limitadas de productos que pueden tener solo unas pocas copias disponibles. Las personas pueden intercambiar sus artículos de colección por otros artículos de colección, y las ediciones limitadas brindan una mayor sensación de valor y rareza.

El mundo del coleccionismo ha sido un pasatiempo desde que los humanos comenzaron a comerciar con bienes hace siglos. Aun así, estos nuevos nichos de mercado suben la apuesta en más de un sentido al proporcionar un alto nivel de exclusividad junto con una facilidad de acceso sin precedentes a piezas interesantes.

Una gran parte de la compra y el comercio de NFT son las historias detrás de cada artículo y, a menudo, no se trata solo de adquirir cosas con un alto valor monetario. También se trata de tener una historia interesante que contar, y mercados como NBA Top Shot permiten a los usuarios hacer exactamente eso.

La idea de que los NFT criptográficos se pueden usar para algo más que un simple almacenamiento de valor es emocionante por derecho propio porque abre las posibilidades de que cualquier activo digital tenga varios valores intrínsecos en múltiples dominios. NBA Top Shot es otro ejemplo de cómo los tokens no fungibles se utilizan de formas en las que aún no se había pensado.

Capítulo 8: Blockchain, Contratos Inteligentes e Innovación

Todo lo Que Debe Saber Sobre el Blockchain

El mundo está cambiando. Los modelos de negocio se están transformando. No es exagerado decir que las tecnologías subyacentes a Bitcoin y otras criptomonedas representan la mayor innovación en informática desde que se construyó la primera máquina hace dos siglos. Del mismo modo, es imposible exagerar su poder y su impacto potencial en todas nuestras vidas, incluso si aún no sabe nada sobre las criptomonedas (y lo sabrá).

¿Qué Es la Tecnología Blockchain?

En resumen, la tecnología blockchain permite que varias partes compartan e intercambien datos de manera confiable. Originalmente fue creada para monedas digitales como Bitcoin, donde actúa como el libro contable público para todas las transacciones, pero muchos expertos creen que tiene muchos otros usos. Esta tecnología es más conocida por admitir criptomonedas como Bitcoin. Aun así, tiene otros usos potenciales que atraen la atención de pensadores innovadores en una variedad de industrias. La tecnología permite que varias partes compartan e intercambien datos sin depender de un intermediario como un banco o una agencia gubernamental.

El blockchain es la tecnología subyacente que impulsa las monedas digitales como Bitcoin. Es un libro de contabilidad público de todas las transacciones en la red, diseñado para permitir a los usuarios realizar un seguimiento de las transacciones sin un registro central. El libro contable de blockchain crece constantemente a medida que se agregan bloques "completados" con un nuevo conjunto de registros. Los bloques se agregan al libro contable en un orden lineal y cronológico. Cada nodo (una computadora conectada a la red mediante un cliente que realiza la tarea de validar y retransmitir transacciones) obtiene una copia del blockchain, que se descarga automáticamente al unirse a la red Bitcoin. De esta forma, todos los usuarios de la red ven la misma versión de los hechos y ningún tercero puede manipularla.

Cómo Funciona el Blockchain

Para comprender mejor cómo funciona el blockchain, es importante comprender el concepto de "bloque". Un bloque es un registro en la red que contiene y confirma muchas transacciones en espera. Una vez que un bloque registra y confirma una transacción, cualquiera puede ver que tuvo lugar, pero no puede ver quién la realizó ni por qué. En otras palabras, los bloques permiten confiar en el sistema sin identificar a los usuarios individuales. El blockchain hace que todas las transacciones sean transparentes, rastreables y verificables, sin requerir que los usuarios revelen información personal. Es por eso que esta tecnología a menudo se compara con un libro contable o un libro de registro.

Cada bloque en el blockchain se construye sobre el anterior utilizando un principio criptográfico llamado "hashing", que lo vincula con el bloque anterior y todos los bloques anteriores. Los bloques enlazados forman una cadena, con cada bloque adicional reforzando a los anteriores. Este proceso se repite en toda la red para que cada computadora tenga un registro continuamente actualizado de todas las transacciones realizadas en el blockchain. Es importante tener en cuenta que este proceso solo se puede realizar con un esfuerzo computacional deliberado, lo que significa que las transacciones falsificadas serán rechazadas por todos en la red como no válidas con la misma facilidad con la que se verifican las transacciones válidas.

La Conexión entre el Blockchain y los NFT

Muchas personas asocian el blockchain con las criptomonedas, que son solo un tipo de transacción financiera que el blockchain puede procesar. Las criptomonedas a menudo se guardan en forma de billetera digital que las mantiene seguras.

¿Qué pasa con los otros tipos de transacciones de blockchain? La utilidad del blockchain no termina con las criptomonedas. El blockchain también se puede aplicar a activos digitales como bienes virtuales, elementos de juegos y coleccionables (también conocidos como "NFT"). Los NFT suelen ser activos no físicos, como una cuenta de juego en línea o un perfil de redes sociales; también pueden ser activos físicos como entradas para conciertos o ropa etiquetada con etiquetas RFID para facilitar la identificación en caso de robo. Las transacciones en NFT pueden involucrar criptomonedas, pero también podrían involucrar servicios financieros tradicionales como bancos.

¿Cuáles son los beneficios y desafíos de aplicar el blockchain a los NFT? De alguna manera, estas transacciones suenan similares a las transacciones financieras tradicionales que puede procesar el blockchain. Por ejemplo, transferir la propiedad de un activo digital de una billetera a otra debería ser fácil y seguro. Sin embargo, existen algunas diferencias clave entre estos dos tipos de transacciones:

Una transacción de activos tradicional generalmente implica transferir la propiedad de un objeto físico como un automóvil o una obra de arte. Por otro lado, transferir la propiedad de un activo digital requiere el uso de una cuenta en línea (o móvil). No hay documentos físicos involucrados en la mayoría de las transacciones de transferencia que involucran criptomonedas.

Las criptomonedas tienen casos de uso limitados. Por ejemplo, las criptomonedas no son ampliamente aceptadas como moneda de curso legal en los EE. UU. No se pueden usar para transacciones financieras porque no hay forma de realizar una transferencia de propiedad en el "mundo real" de una persona a otra. Por el contrario, los NFT no involucran a personas; involucran cosas que le importan a la gente, como cuentas de juegos, bienes virtuales o coleccionables que solo existen en línea.

Los NFT deberían ser fáciles de probar en los tribunales si se produce una disputa. La propiedad de una cuenta de juegos en línea, por ejemplo, se puede verificar fácilmente con el código único adjunto a cada cuenta. Sin embargo, algunas transacciones de criptomonedas requieren la transferencia de formas digitales de activos y datos de firma que pueden ser difíciles de probar en los tribunales. Algunas empresas han comenzado a utilizar contratos inteligentes para demostrar la propiedad de activos virtuales cuando sea necesario para resolver este problema.

Los NFT a menudo son interoperables con otros tipos de servicios financieros tradicionales como los bancos. Por ejemplo, las criptomonedas se aceptan cada vez más como métodos de pago para juegos o compras en línea. Por el contrario, los NFT suelen existir solo en el mundo en línea y no tienen ningún análogo en el mundo real.

Determinar la propiedad de los NFT puede ser complicado. Por ejemplo, cuando compra un producto en una tienda, normalmente recibe un recibo que muestra la prueba de propiedad. No existe tal evidencia física de que la transacción haya ocurrido con muchas transacciones basadas en blockchain. Para resolver este problema, algunas empresas han comenzado a utilizar un contrato inteligente como una forma de demostrar la propiedad de los activos virtuales cuando sea necesario. Un contrato inteligente es esencialmente un contrato en línea que reconoce automáticamente los términos y condiciones para el intercambio y transfiere un activo digital al comprador tan pronto como se cumplen las condiciones. Los contratos inteligentes podrían usarse para probar la cuenta de juegos en línea o la propiedad coleccionable en los tribunales si es necesario.

¿Cuáles Son las Implicaciones Legales de Asignar la Propiedad a un Contrato Inteligente?

Las implicaciones legales de aplicar el blockchain a los NFT aún se están determinando. En general, la tecnología blockchain se puede utilizar para garantizar que las transacciones de contratos inteligentes se cumplan correctamente; la tecnología no puede hacer cumplir los contratos por sí misma. Si una transacción viola los términos o condiciones de un contrato inteligente, puede anularse. Por ejemplo, suponga que una de las partes envía criptomonedas a una cuenta que no pertenece a la dirección de la billetera de esa parte. En ese caso, el pago generalmente se anulará (y, por lo tanto, se devolverá) sin importar la cantidad de criptomonedas involucradas. Es importante destacar que cada aplicación de contrato inteligente es diferente porque cada contrato tiene sus propios términos y condiciones. Se necesita un análisis detallado de cada aplicación de contrato inteligente para evaluar los riesgos y beneficios legales.

¿Cómo Se Asignan los NFT a los Contratos Inteligentes?

Un contrato inteligente es esencialmente un contrato en línea que reconoce automáticamente los términos y condiciones de un intercambio. Por ejemplo, suponga que un estudiante de intercambio quiere transferir algo de dinero de su cuenta bancaria internacional a su cuenta bancaria de EE. UU. En ese caso, un contrato inteligente hace posible esta transacción al completar automáticamente el "intercambio". La cantidad de dinero enviada a los EE. UU. debe ser igual a la cantidad de dinero retirada de la cuenta internacional.

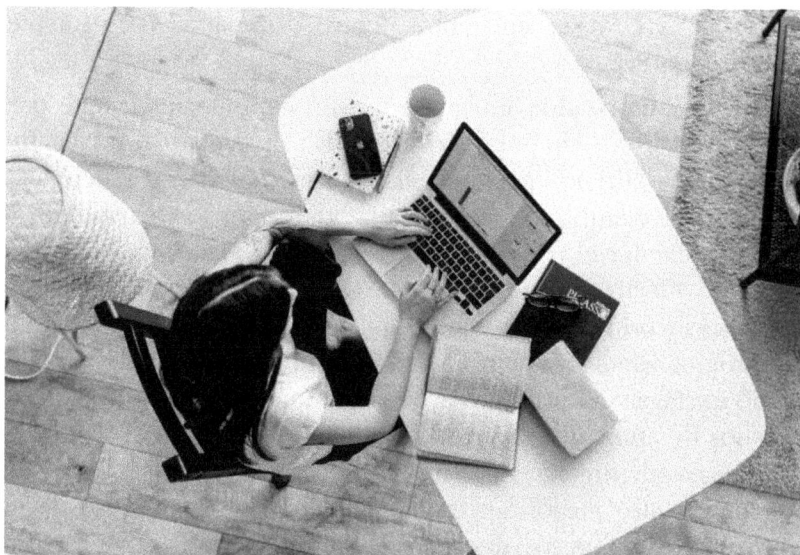

También se puede configurar un contrato inteligente para asignar la propiedad de un NFT a una parte designada; esta transferencia de propiedad debe ser legalmente exigible. Por ejemplo, si la Parte A está vendiendo su cuenta de juego, la Parte B debe tener pruebas de que posee la cuenta antes de que la Parte B pueda usar sus activos. El contrato debe poder calcular un monto de pago preciso e iniciar el pago una vez que se cumplan ciertas condiciones (por ejemplo, cuando una billetera designada por el comprador recibe una cantidad designada de criptomoneda).

¿Cómo Interactúan los NFT con las Protecciones Legales Existentes?

Es importante reconocer que los NFT tienen una propuesta de valor diferente a las criptomonedas, y sus problemas legales también son diferentes. Si bien las transacciones NFT aún no se aceptan ampliamente, un creciente cuerpo de jurisprudencia en la industria de los videojuegos examina la propiedad de los activos de juegos en línea. Según la ley de EE. UU., las cuentas de juegos en línea y otros bienes virtuales pueden considerarse propiedad personal, lo que significa que están protegidos por los principios legales generales aplicables a la propiedad tangible. El objeto físico asociado con un NFT (por ejemplo, una obra de arte, un automóvil o incluso un activo digital) también puede estar protegido por la ley de los EE. UU. si se encuentra dentro de una de las siguientes cuatro categorías:

Uso no Autorizado: Si alguien usa un contrato inteligente para transferir activos sin el permiso del propietario, las partes contratantes podrían tener un reclamo legal por daños y perjuicios entre sí. Por ejemplo, el uso de un NFT para los activos de un juego sin obtener el consentimiento de su propietario podría violar la Patente Electrónica de la Ley de Derecho de Autor. Si alguien intenta sacar provecho de una obra original mediante el uso de un contrato inteligente para transferir la propiedad de la obra a sí mismo en lugar del artista, esa persona puede haber infringido los derechos de autor de ese artista. Por ejemplo, un desarrollador de videojuegos desarrolla una moneda virtual y quiere usar esa moneda en otro juego. Sin embargo, si no recibe permiso de un desarrollador de juegos diferente sobre su uso en su juego, esto podría considerarse una infracción de patente.

La Ley de Abuso y Fraude Electrónico (CFAA): Prohíbe el acceso no autorizado a computadoras, sistemas informáticos y redes. Por ejemplo, si alguien hackea la cuenta de otro usuario y transfiere activos a su propia billetera, esa persona podría ser responsable según la CFAA.

Responsabilidad Profesional del Abogado: Los abogados deben asegurarse de no violar las reglas de la barra estatal al usar un contrato inteligente para una transferencia de NFT sin consultar primero al asesor legal adecuado. Una transferencia NFT a menudo puede convertirse en un asunto legal complicado y puede tener muchas capas de ramificaciones que no son inmediatamente obvias. Por ejemplo, si alguien transfiere la propiedad de un NFT sin haber consultado primero con el abogado apropiado, esa persona podría violar el código de ética de los abogados.

El problema principal es si Ethereum se usa realmente como "la columna vertebral" para los intercambios descentralizados. Si bien hay muchas buenas razones por las que Ethereum podría ser una buena plataforma para construir, a menos que haya alguna evidencia que sugiera que Ethereum se usa ampliamente para construir intercambios descentralizados encima, entonces esto realmente no tiene sentido como argumento. de todas formas. En cualquier caso, es muy posible que los intercambios descentralizados se construyan sobre Ethereum en el futuro. Simplemente no es necesariamente el caso de que Ethereum sea la plataforma blockchain más probable para construir.

¿Qué Son los Contratos Inteligentes?

La idea de un contrato inteligente es bastante simple: es un acuerdo que está programado para ejecutarse automáticamente sin supervisión humana. El contrato inteligente autoejecuta los términos de un acuerdo entre sus partes. Una vez que se cumple una condición, ocurre la transacción acordada y todas las partes están satisfechas con el resultado. Los contratos inteligentes tienen muchos usos tanto en los negocios como en la vida.

Vivimos en una de esas épocas en las que las cosas cambian constantemente, más rápido de lo que podemos mantenernos al tanto o confiando en que alguien más lo haga por nosotros. Basta con tomar el mundo de las finanzas y las transacciones. Hemos pasado de simples instrumentos en papel a dinero digital y tokens digitales en cuestión de una década. Esto es bastante impresionante si considera que Internet en sí es apenas más antiguo que eso.

Tan solo en los últimos dos años, hemos sido testigos de dos grandes cambios en el mundo financiero:

La transferencia de dinero entre pares usando criptomonedas como Bitcoin y Ether se ha vuelto más popular que nunca. Las empresas han comenzado a utilizar la tecnología blockchain para el mantenimiento de registros y transacciones, lo que ha aumentado aún más el valor de estas criptomonedas.

Estos cambios dan como resultado una innovación aún mayor a medida que se introducen nuevos conceptos todos los días. Uno de esos conceptos es el contrato inteligente. Cuando pensamos en el término "contrato inteligente", podría hacernos pensar en algo como robots o autos sin conductor o incluso inteligencia artificial. Pero los contratos inteligentes son en realidad bastante simples y no tan alejados de lo que estamos acostumbrados a ver a diario como uno podría creer. En general, se componen de tres elementos básicos:

1. Un conjunto de términos y condiciones escritos previamente en la base de datos (o blockchain) y ejecutados cuando se cumplen las condiciones específicas.

2. Un método de procesamiento de pagos.

3. Una forma de registrar las transacciones verificadas en una base de datos para que no se puedan cambiar o manipular una vez registradas.

Echemos un vistazo a un ejemplo. Una persona ha vendido una motocicleta con la condición de que recibirá el pago total una vez que el comprador la haya recibido. El banco que retiene el dinero del comprador no lo liberará hasta que haya recibido la motocicleta y haya verificado que todo es como se describe. Tanto el comprador como el vendedor acuerdan no utilizar un banco para esta transacción, por lo que optan por un contrato inteligente. Ambas partes reciben tokens digitales en sus billeteras (las billeteras son simplemente programas de software que se utilizan para almacenar una moneda digital). Uno de estos tokens representa la propiedad de la motocicleta y otro representa $10.000 en efectivo. El comprador recibe los tokens y luego los envía al vendedor. El contrato inteligente transfiere automáticamente la propiedad de la motocicleta al comprador, libera los fondos del banco y los transfiere a la billetera del vendedor. La transacción ha terminado y todos están contentos porque saben exactamente lo que pueden esperar en cuestión de segundos.

A primera vista, este ejemplo de un contrato inteligente no parece tan diferente de algo como PayPal. Pero lo que hace que los contratos inteligentes sean tan atractivos es que se ejecutan solos sin intervención humana. No dependen de ninguna empresa o banco ni nada que pueda quedar fuera de servicio en cualquier momento.

En el mundo de las criptomonedas y el blockchain, los contratos inteligentes se utilizan para garantizar que las transacciones sean seguras y confiables. La idea de un contrato inteligente surgió por primera vez en 1993, pero originalmente se limitaba a una plataforma de programación orientada a objetos llamada Java. No fue hasta alrededor de 2012, cuando Bitcoin comenzó a ganar popularidad, que se hizo mucho más fácil implementar contratos inteligentes en otros lenguajes de programación con algunas modificaciones.

Por Qué Necesitamos Contratos Inteligentes

Los contratos inteligentes pueden hacernos la vida mucho más fácil porque eliminan la necesidad de humanos en ciertas circunstancias. Pueden ahorrar tiempo y dinero a las empresas al automatizar las tareas que las personas realizan, como enviar facturas o realizar pagos, o incluso enviar facturas de servicios públicos como agua y electricidad. Esto también es una gran ventaja porque reduce la probabilidad de fraude, que siempre es un gran problema en los negocios.

Entonces, ¿cuál es el problema, podría preguntarse? Los contratos inteligentes han existido desde hace bastante tiempo, y todavía tenemos que verlos consolidarse. Muchos problemas diferentes impiden que los contratos inteligentes se implementen ampliamente. Todavía se confía en los humanos para asegurar de que el proceso funcione, lo que puede causar retrasos o incluso pérdidas monetarias debido a circunstancias imprevistas. Esto significa que a veces hay limitaciones y las cosas no funcionan exactamente como se esperaba, lo que puede ser devastador para las empresas que, de otro modo, podrían ahorrar mucho tiempo y dinero.

Un contrato que pueda contener lagunas y requerir la intervención humana para asegurarse de que todo funcione sin problemas no es lo ideal. Si una corporación cierra, ¿puede ser responsable si no se aseguró de que su contrato inteligente funcionara correctamente? ¿Cuánta responsabilidad habrá si todo sale mal?

Estos son solo algunos de los problemas que aún debemos resolver. Pero estamos aprendiendo nuevos trucos todos los días. Y hoy, estos trucos se están implementando en forma de contratos inteligentes y tecnología blockchain. La siguiente fase de los contratos inteligentes parece ser tan simple como integrarlos en lenguajes de programación y crear aplicaciones que permitan a las personas acceder fácilmente a ellos.

OmiseGo

El futuro de las criptomonedas está aquí y en forma de contratos inteligentes. OmiseGo es una nueva tecnología que permite a las personas usar contratos inteligentes de manera fácil y efectiva. Con el SDK de OmiseGo, los desarrolladores pueden crear software que utilice la máquina virtual Ethereum. La máquina virtual Ethereum es una máquina virtual de código abierto diseñada específicamente para contratos inteligentes. Es parte de la red Ethereum más grande y permite a los desarrolladores crear aplicaciones descentralizadas encima de ella.

OmiseGo no es solo otra criptomoneda como Bitcoin o Ether. En realidad, está creando infraestructura para hacer realidad los contratos inteligentes. Cuando se requieren tokens para que la tecnología blockchain funcione, es porque los usuarios deben poder usar sus tokens. OmiseGo está diseñado para otras formas de blockchain. Crea interoperabilidad entre diferentes redes y protocolos. La red principal de OmiseGo hizo su debut en junio de 2017 y la plataforma de pago se lanzó el 2 de julio de 2018.

El Poder de la Importancia de la Investigación General y de Mercado

Los conocimientos profundos y la investigación de mercado a menudo se consideran obligatorios en el campo de la publicidad digital. Sin embargo, en lo que respecta a las criptomonedas y los tokens basados en blockchain, se aplica un conjunto diferente de reglas.

El poder de la investigación general y de mercado en este espacio es más parecido a ser el asistente de un mago: si hace bien su trabajo, el mago hará un anuncio o aparecerá en un programa de televisión con suficiente factor genial que podrá alquilar su empresa por decenas de millones. Si no, por otro lado, volverá a construir su base de clientes lentamente durante años.

Dentro de este marco, los criptoproyectos deben tener una idea del mercado de blockchain para posicionarse adecuadamente para aumentar su influencia. En términos de investigación de mercado, esto también puede ser muy valioso para ayudar a administrar la reputación de una empresa y decidir qué asociaciones son óptimas.

De esta manera, el blockchain es un poco como el Lejano Oeste: si se le ocurre un truco o un invento ingenioso en el momento adecuado, puede triunfar. El capital de riesgo y la industria tradicional tienden a no gustar de este enfoque, ya que necesitan planes precisos a largo plazo y resultados predecibles. Sin embargo, uno de los grandes USP de los NFT es precisamente que se destacan por su naturaleza no regulada e impredecible. Desde el punto de vista del inversor, cada cripto representa una oportunidad; pero tampoco está claro qué tan lejos llegará o en qué podría convertirse.

La investigación de mercado es extremadamente importante para que las empresas de cripto evalúen a los actores en el campo y sus estrategias de posicionamiento y comprendan qué factores realmente impulsarán la adopción y en qué dirección.

El desafío aquí es que el mercado es como un río que fluye, cambiando continuamente su forma y la manera en que fluye. Si no presta atención, muy pronto tendrá que lidiar con advenedizos que han ideado algún truco nuevo que ni siquiera había considerado. Incluso cuando se ha inventado una nueva tecnología y se ha demostrado que tiene valor, siempre hay otras alternativas a la vuelta de la esquina que podrían reemplazarla.

El criptoecosistema es muy dinámico porque hay muchos tipos diferentes de tokens y mercados en los que se pueden usar. Los participantes dentro de este sistema tienen que trabajar con mucho cuidado para asegurarse de que sus decisiones les permitan sobrevivir a largo plazo. El hecho de que sea tan difícil para los NFT interactuar con el mundo financiero tradicional hace que este sea un desafío particularmente difícil.

Esto se aplica aún más cuando consideramos que los tokens se pueden comercializar en el mercado de tokens, mientras que otras veces se pueden ejecutar en sus propios blockchain independientes o incluso encima de una blockchain creada por otra persona. Cuando se negocian en una bolsa, es probable que estén sujetos a las mismas regulaciones que se aplican a cualquier otro activo.

Por el contrario, el token que se ejecuta en su propio blockchain no está sujeto a esas mismas regulaciones. El hecho de que se ejecute en su propio blockchain significa que puede regirse por un conjunto diferente de reglas y no está sujeto a la misma supervisión o regulación. Sin embargo, esto no significa que no haya supervisión regulatoria para los blockchains. Esto se debe a que cuando un token no forma parte de ningún proyecto general, a menudo está diseñado para ejecutarse en una Organización Autónoma Descentralizada (DAO).

Una DAO es similar a una corporación tradicional, pero opera en el blockchain en lugar de a través de jerarquías tradicionales. Esto hace que sea un poco más fácil entender cómo y por qué estos proyectos funcionan de la forma en que lo hacen. En una DAO, las personas que poseen tokens pueden tomar decisiones en su nombre y gobernar su futuro, así como ser recompensados por votar propuestas.

Hasta ahora, hemos establecido que tanto la investigación general como la investigación de mercado son importantes para evaluar adecuadamente esta nueva tecnología emergente y su potencial. Sin embargo, cuando considera que la mayoría de los NFT se construyen sobre blockchains, que también tienen sus propias propuestas de valor, entonces su necesidad de investigación se vuelve aún más obvia.

El desafío de acceder a la investigación de mercado requerida en un espacio dinámico y emocionante es que es muy difícil de encontrar. Y dado que los criptoproyectos son empresas en etapa inicial, resistir las presiones del dinero de capitales de riesgo y las actitudes tradicionales de la industria puede ser un desafío difícil. Sin embargo, también está claro que no podrá posicionarse para un crecimiento máximo sin estos conocimientos.

Capítulo 9: Puede Haber Riesgos…

El surgimiento de nuevas tecnologías financieras, como los fondos cotizados en bolsa (ETF) y las plataformas basadas en blockchain, ha traído una innovación significativa al mercado de derivados. Sin embargo, también ha creado varios riesgos que deben ser considerados antes de ingresar a este nuevo mercado. Hay muchos beneficios de operar en estos mercados alternativos, pero conllevan el riesgo de primas de liquidez, riesgo de contraparte y una mayor probabilidad de escrutinio regulatorio.

Para evaluar estos riesgos y determinar si son apropiados para
sus estrategias o no, debe comprender en profundidad los riesgos
asociados con el comercio de estas inversiones. Este capítulo
discutirá los principales riesgos asociados con los NFT para que los
inversores puedan decidir si son adecuados para ellos.

Primas de Liquidez

Los NFT son claramente disruptivos para la industria tradicional de
derivados, ya que pueden brindar acceso a riesgos y rendimientos
que antes no eran accesibles. Sin embargo, esto trae consigo un
cierto grado de riesgo para los inversores. Las primas de liquidez
son producto de la falta de una demanda significativa de nuevos
productos antes de la llegada de los NFT y podrían persistir durante
algún tiempo. El término prima de liquidez lo utilizan los
administradores de activos que crean fondos que pueden invertir en
varios instrumentos financieros alternativos, como NFT y ETF
apalancados. Estos productos ofrecen rendimientos atractivos a los
inversionistas, pero debido a que no encajan fácilmente en los
mercados existentes, deben atraer compradores que tengan una
fuerte motivación para comprar estos activos a precios atractivos.

Si bien se espera que con el tiempo los inversores se familiaricen
más con los riesgos y beneficios de los NFT, no hay garantía de que
esto suceda. Además, debido a que son nuevos en el mercado y
relativamente no probados, bien podrían ser inversiones riesgosas
que podrían no lograr los rendimientos esperados.

Riesgo de Contraparte

Además, a diferencia de las opciones estándar y los contratos de
futuros, las cámaras de compensación no están obligadas a valorar
los NFT. Solo deben cumplir con sus obligaciones para con los
inversores si han depositado garantías con ellos. Y debido a que
estas garantías constituyen activos muy líquidos (por ejemplo,
efectivo), es posible que las cámaras de compensación no puedan
proporcionar la compensación efectiva que deben invertir en un
mercado equilibrado. Por lo tanto, la falta de transparencia sobre si
los NFT son, de hecho, valiosos o no, dificulta que los inversores
evalúen el riesgo de estos productos.

Escrutinio Regulatorio

Otro beneficio de operar con NFT es que se pueden negociar en muchos intercambios en todo el mundo, pero los comerciantes también deben comprender que la falla de cualquier intercambio puede crear problemas de liquidez. Si un intercambio importante fallara, esto podría interrumpir rápidamente la liquidación de operaciones y hacer que a los inversores les resulte imposible liquidar sus posiciones. Esto podría suceder si problemas técnicos o factores regulatorios (por ejemplo, deficiencias en el autoinforme) impidieran que los inversores accedieran a sus cuentas, ya que las plataformas comerciales ya no aceptarían órdenes de nuevos clientes.

Dado el entorno regulatorio del mercado de derivados de EE. UU., probablemente habrá pocas posibilidades de que un intercambio con licencia fracase debido a la regulación o la intervención del gobierno durante bastante tiempo. Sin embargo, existe la posibilidad de que los reguladores presionen para que se regule más el mercado de NFT, lo que podría dificultar la negociación de estos productos por parte de los inversores.

La combinación de las posibles primas de liquidez, el riesgo de contraparte y el escrutinio regulatorio hacen que sea una excelente idea considerar cuidadosamente si el comercio de NFT será o no una inversión que valga la pena en su cartera. Sin embargo, como siempre, al tomar decisiones sobre sus inversiones, es importante que comprenda a fondo todos los riesgos y beneficios antes de tomar una decisión. Y debido a que muchos de estos riesgos han sido identificados recientemente por los reguladores y las bolsas, los inversores aún tienen tiempo para actuar antes de que se materialicen las recompensas potenciales.

Los NFT y Clasificación

Recientemente, ha habido una afluencia de proyectos que ofrecen tokens de utilidad durante sus ventas de tokens (generalmente para financiar el desarrollo). Justifican esto afirmando que estos tokens no son valores porque no representan acciones en la empresa y son tokens de utilidad con valor conferido por efectos de red. Como ocurre con muchas cosas en el mundo de las criptomonedas, no es tan simple.

Algunos tokens son más difíciles de distinguir como tokens de utilidad que otros, ya sea porque son conceptos novedosos o porque no parecen adherirse a la definición típica de un token de utilidad. Ciertos proyectos que han recaudado fondos a través de una oferta inicial de monedas (OIC) han sido criticados debido a los riesgos potenciales que implica el diseño de su token.

Nos centraremos en los tokens no fungibles y por qué presentan un problema en términos de clasificación como tokens de utilidad. También exploraremos cómo ciertos tokens no fungibles pueden verse como valores si se mantienen para obtener ganancias especulativas. También discutiremos algunas de las implicaciones que siguen si se determina que un token no fungible es un valor.

¿Por Qué los Tokens No Califican como Valores?

Antes de profundizar en algunas de las propiedades de este tipo de tokens, debemos averiguar por qué los proyectos que emiten estos tokens no están sujetos a las leyes de valores en la mayoría de las jurisdicciones. Muchos proyectos que emiten tokens no fungibles se han visto obligados a emitir reembolsos a los inversores que desean cancelar sus inversiones. La razón de esto es simple; el proyecto se volvió demasiado popular y la cantidad de personas que invertían había superado la capacidad de entrega de la empresa. Afirmaron que su token era un token de utilidad, con un valor conferido por efectos de red y, como tal, no era un valor. Sin duda, estos proyectos tienen razón al entender que los tokens no son valores debido a sus propiedades particulares.

¿Qué agencia gubernamental consideraría un token como valor en un mundo donde las personas intercambian gatos digitales por Ether? La mayoría de estos tokens se han emitido en el blockchain de Ethereum, lo que limita la aplicación y creación de dichos tokens a contratos inteligentes. Esto significa que ya existe una sustancia inherente a estos tokens antes de que se emitan. Estos tipos de tokens no fungibles suelen actuar como representaciones de activos del mundo real. Esto crea una capa adicional de abstracción entre el token y su activo subyacente, lo que dificulta la intervención de las agencias gubernamentales, incluso si es necesario en algunos casos. Esto se debe a que hay muchos tipos diferentes de tokens y no se emiten ni regulan de la misma manera que las acciones de la empresa.

El Ejemplo del Cripto-Monstruo de Etheremon

Un ejemplo de un token no fungible (NFT) que ha tenido que proporcionar reembolsos a los inversores debido a la sobrefinanciación es Etheremon, un juego descentralizado construido sobre el blockchain Ethereum. Los usuarios pueden comprar e intercambiar criptomonstruos digitales llamados "Mons". Los usuarios hacen luchar a sus Mons entre sí por recompensas que luego pueden intercambiarse por Ether y otros criptoactivos. El sistema de juego se construye utilizando contratos inteligentes, y cada Mons es representado por un token ERC-721.

No hay duda de que los desarrolladores de Etheremon son conscientes de que sus tokens no son valores. Esta es la naturaleza de la plataforma en la que residen; los usuarios pagan para jugar juegos usando Ether y ganan recompensas que se pueden vender por Ether. Esto claramente entra dentro de la definición de un token de utilidad, con valor conferido por efectos de red. El equipo de desarrollo también ha dejado claro que sus tokens no son valores. En cuanto a la opinión legal, uno de los abogados de este proyecto ha confirmado recientemente que "un token ERC-721 no es un valor".

El Problema de Clasificar Tokens No Fungibles como Valores

Clasificar este tipo de tokens como valores puede tener serias implicaciones en el ecosistema. La clasificación de la mayoría de los tipos de activos digitales variará de un país a otro y, en algunos casos, serán completamente irreconocibles. Esto puede crear una capa adicional de complejidad al evaluar estos proyectos.

En los Estados Unidos, la mayoría de los tokens no están regulados como valores. Sin embargo, ha habido algunos casos en el pasado en los que las criptomonedas y otros criptoactivos han sido declarados valores, como, por ejemplo, Tezos. Esto puede tener que ver con el hecho de que muchos de estos tipos de tokens se emiten inicialmente en un blockchain que tiene su sede o está respaldado por la jurisdicción de los EE.UU.

El Ejemplo de Crypto-FREAK

Como acabamos de discutir, algunos tokens no fungibles pueden considerarse valores si se mantienen para obtener ganancias especulativas. Los tokens Crypto-FREAK son un ejemplo de este tipo de tokens. Los tokens se crearon para CryptoFREAK.com, una plataforma descentralizada que permite a los usuarios comprar, comerciar y apostar con criptomonedas. La plataforma también proporciona un entorno comunitario donde los usuarios pueden chatear.

La SEC declaró que creía que los tokens eran valores porque se negociaban en una bolsa. La empresa también sugirió que se clasifiquen como tales. Sin embargo, esto es incorrecto. La SEC no consideró que los tokens Crypto-FREAK se emiten mediante contratos inteligentes; estos contratos no dependen de organizaciones centralizadas para funcionar o proporcionar valor a la plataforma. La falta de entidades centralizadas permite que estos tokens califiquen como tokens de utilidad.

El Problema de Regular Activos Digitales

La clasificación de estos NFT se está volviendo cada vez más difícil. El problema al que se enfrentan los reguladores es que, por lo general, cuando una organización emite acciones o deuda, forma una empresa y cotiza en bolsa a través de una oferta pública inicial (OPI). Esto significa que el token es un valor que puede clasificarse como valor en la mayoría de los casos. Luego se puede comprar, vender y negociar en bolsas. La regulación de los activos digitales ya ha sido problemática; no mire más allá del debate sobre las criptomonedas en 2017. Los NFT están demostrando ser más complejos de lo que los reguladores esperaban inicialmente debido a su naturaleza descentralizada.

El Potencial de los Tokens No Fungibles

Una de las mayores ventajas que tienen los NFT sobre los valores normales es el hecho de que pueden intercambiarse por activos del mundo real. Esto significa que los NFT se pueden valorar y cotizar de manera que se relacionen más con sus valores subyacentes que los valores tradicionales. Hay dos razones principales por las que el valor de un token diferirá de su valor real. La primera razón se debe al activo que lo respalda; cuánto vale realmente. Esto es importante a la hora de determinar el valor de estos tokens y asegurarse de que no caigan en una burbuja. En segundo lugar, el precio de un token puede depender de los tokens que se utilicen como referencia.

Estafas de Bombeo y Volcado de NFT

Los reguladores como la Comisión de Bolsa y Valores (SEC) y la Asociación Nacional de Futuros (NFA) prohíben los esquemas de bombeo y volcado, pero algunos participantes del mercado sin escrúpulos todavía usan esta técnica.

Debido al gran peso de la evidencia, podemos afirmar con confianza que este tipo de estafas, de hecho, existen. Sin embargo, llegar a esa conclusión no fue fácil, por lo que a continuación detallaremos un poco más algunas de las cosas que encontramos durante nuestra investigación sobre estos esquemas insidiosos.

Un esquema de bombeo y volcado es una operación ilegal en la que las personas conspiran para comprar una acción a precios inflados para obtener una ganancia inmediata (el "bombeo") antes de volver a venderla a su precio más alto para obtener una ganancia rápida (el "volcado"). Es una táctica legal manipular los precios de las acciones con el fin de obtener ganancias.

La forma en que funciona es que las personas primero acuerdan comprar o vender las acciones en secreto. Luego, unos días o incluso horas más tarde, anuncian el bombeo o volcado al borde de un supuesto aumento de precios "inevitable". La gente compra a este nuevo precio alto y vende sus acciones en secreto justo antes de que vuelva a bajar a su precio original, obteniendo una ganancia rápida.

La teoría detrás de esto es que con suficientes inversores clamando por acciones, el precio se disparará muy por encima de su valor real y aumentará significativamente en cuestión de horas. Es por eso que se llama "bombeo", que es el sonido de una manguera de aire que se bombea para inflar artificialmente el precio de las acciones. Esto puede sonar inteligente, pero no lo es.

Esta estrategia es tan manipuladora que solo puede tener éxito si no se detecta y hay suficientes inversores que compran antes de que el precio vuelva a bajar. Da un aire de legitimidad, pero, en una inspección más cercana, parece más una estafa. La SEC y la NFA prohibieron esta estafa porque las personas podrían perder hasta la totalidad de sus inversiones una vez que venden a estos precios inflados, con pocas posibilidades de recuperar lo que invirtieron sin volver a comprar inmediatamente al nuevo precio inflado. Pero eso no impide que algunas personas lo intenten. La SEC también prohíbe a las personas participar en este tipo de actividad ilegal en varias ocasiones diferentes para empeorar las cosas. Se castiga con multas y hasta cinco años de prisión.

Para participar en un bombeo y volcado, un inversionista tendría que pagar por algún tipo de servicio que lo ayude a ver el precio de un activo antes de que se libere "en estado salvaje". Dichos servicios son total o parcialmente ilegales, según los países y estados. Se considera un acto delictivo en algunos países manipular el mercado con información falsa y spam. Sin embargo, esto varía de un país a otro. En algunos lugares, como China, todavía no existen leyes ni reglamentos contra los bombeos y volcados.

Los bombeo y volcado pueden ser peligrosos tanto para quienes participan como para quienes son manipulados por ellos. Quienes participan en un bombeo y volcado están poniendo sus propias apuestas personales en un activo que vale menos de lo esperado. Quienes compran a estos inversores pueden no recibir nada, independientemente de cuánto dinero inviertan en un bombeo y volcado. Por lo tanto, la comunidad de criptomonedas a menudo desprecia los bombeos y volcados por engañar a los inversores potenciales para obtener ganancias personales.

Si un inversionista participa en un bombeo y volcado con tokens NFT o ERC20, estaría engañando a las personas para que compren su "bombeo" y luego venda su participación al comprador desprevenido a un precio mayor. Si el inversionista no puede vender sus NFT por más de lo esperado, se quedará con una pérdida.

Estos tipos de bombeo ocurren en los casos en que se utiliza la manipulación del mercado. La forma más frecuente de manipulación del mercado es el marketing antes del lanzamiento del token. Un bombeo también puede ocurrir cuando los comerciantes esperan que un activo tenga un valor alto antes de su lanzamiento y están comprando grandes volúmenes antes de su lanzamiento. Luego intentan venderlo nuevamente en el día de negociación inicial una vez que el precio sube por encima de sus expectativas.

Por último, un bombeo y volcado podría ocurrir con más frecuencia de lo que a la mayoría de la gente también le gustaría admitir. Algunas personas se aprovechan de la exageración que rodea a los nuevos proyectos de blockchain y pueden comprar grandes cantidades de un nuevo token cuando se valora a un precio bajo.

Alejándose de los Bombeos y Volcados

Una señal común a tener en cuenta como inversionista es si hay una publicidad excesiva en torno a un proyecto en particular. Además, si un proyecto parece tener volúmenes de negociación extremadamente altos en los intercambios con pocas transacciones comerciales reales al mismo tiempo, entonces podría ser una señal de un bombeo y volcado en funcionamiento. Los entusiastas de las criptomonedas pueden monitorear esto fácilmente a través de las redes sociales y los medios de noticias sobre criptomonedas.

Para evitar ser víctima de esquemas de bombeo y volcado, los inversores deben estar al tanto de la investigación que se está realizando en un proyecto en particular. Los inversores también deben ser conscientes de las fluctuaciones de precios para poder evitarlos y detectarlos.

Como inversionista, es importante saber que hay personas buenas y malas en la comunidad de criptomonedas, al igual que en los negocios tradicionales o en los sectores financieros. De la misma manera que no querría tratar con un asesor de inversiones que utiliza prácticas sospechosas o ilegales, tampoco debería tratar con alguien que participa en bombeos y volcados. Incluso puede considerar evitar esos proyectos (y personas) a partir de ese momento para mantener su salud financiera.

También es importante recordar que no todos los proyectos tendrán éxito, y es posible que algunos proyectos nunca despeguen. Del mismo modo, no todos en la comunidad de criptomonedas son buenas personas, y siempre hay quienes intentarán engañarte para su propio beneficio personal. Por último, como se mencionó anteriormente, es importante hacer su propia investigación sobre cualquier proyecto antes de considerarlo para posibles inversiones. No confíe únicamente en las opiniones de los demás para elegir qué proyectos parecen prometedores.

Impacto Ambiental de las Criptomonedas y los NFT

Las criptomonedas y los tokens no fungibles (NFT) están cambiando la forma en que interactuamos y pensamos sobre nuestro entorno. Sin embargo, no todos los proyectos de criptomonedas y NFT han considerado adecuadamente las necesidades de los consumidores o el impacto ambiental. Ahora exploremos cómo se pueden minimizar los impactos ambientales de las criptomonedas y los NFT, incluido el consumo de energía de la minería, para crear productos más sostenibles.

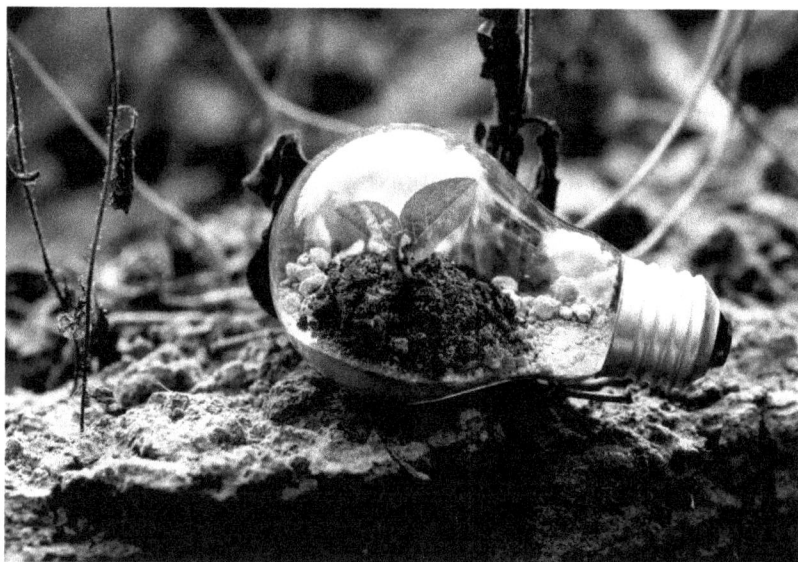

El primer paso es observar el proceso de producción de una criptomoneda o NFT: se requiere trabajo para producir estos productos. En otras palabras, la gente debe minarlos o extraerlos. Este proceso funciona con electricidad, por lo que es importante considerar cuánta energía utiliza la moneda, el token de minería y la extracción de materias primas valiosas.

Las monedas se extraen utilizando un algoritmo de Prueba de Trabajo (PoW), mientras que los NFT se crean utilizando muchos métodos diferentes, todos los cuales se basan en algún tipo de PoW. Todos los tokens y monedas que figuran en CoinMarketCap, incluidos aquellos que no están en el sitio web, han sido minados.

Cada moneda o token en su lista se pondera por su valor de capitalización de mercado para que pueda comparar fácilmente su impacto ambiental. La ponderación para cada moneda se calcula de la siguiente manera: tome el suministro circulante actual de una moneda y multiplíquelo por su consumo de energía promedio durante el último año. La cifra resultante es lo que usamos para sopesar el impacto ambiental de cada moneda.

En vatios, la energía total utilizada durante el último año se calcula de la siguiente manera: tome el suministro circulante de una criptomoneda durante doce meses y multiplíquelo por su consumo de energía promedio en vatios durante el mismo período. Notará que los mercados que tienen lugar durante varios años tendrán más peso que los mercados a más largo plazo. El cálculo de CoinMarketCap incluye solo criptomonedas sin bifurcaciones importantes (es decir, monedas que no se separaron de otra moneda a través de una bifurcación dura). Por ejemplo, Bitcoin y Bitcoin Cash son dos criptomonedas distintas: no se bifurcaron entre sí a través de una bifurcación dura.

El consumo de energía promedio se determina observando a los mineros de blockchain que utilizan el algoritmo de Prueba de Trabajo en función de su tasa de hash. Una tasa de hash más alta significa que se consume más electricidad por cada moneda extraída. "Prueba de Trabajo" (PoW) se refiere a un algoritmo (por ejemplo, el PoW SHA-256) que se utiliza para asegurar una cadena de bloques, así como para crear nuevos bloques en la cadena de bloques o blockchain. Los algoritmos de prueba de trabajo son utilizados por criptomonedas como Bitcoin y Ethereum porque brindan un incentivo adicional para que los mineros aseguren la red, lo que garantiza que todos los nodos de la red puedan llegar a un consenso sobre qué transacciones deben incluirse en un bloque.

Además de la energía utilizada por los mineros, otro factor a considerar es la energía utilizada por los sistemas de enfriamiento en el uso de criptomonedas (por ejemplo, Bitcoin) o NFT. El consumo global de electricidad para los sistemas de enfriamiento supera con creces los 2 mil millones de kWh por año, y la mayoría de los mineros tienen que alimentar sus instalaciones con electricidad que ya se ha comprado. Las instalaciones mineras de monedas o tokens de hoy en día requieren enormes cantidades de energía para mantenerlas frescas, ya que funcionan constantemente las 24 horas del día, los 7 días de la semana, los 365 días del año.

Según un informe de Digiconomist, una organización que estudia el uso de energía en el espacio del blockchain, la energía consumida por la minería de criptomonedas ha aumentado drásticamente en los últimos años. El informe muestra que el consumo de energía promedio de una instalación minera ha aumentado en un 66% desde 2013.

Otro recién publicado por Digiconomist muestra que la energía utilizada por las instalaciones mineras también ha aumentado: en 2017, el consumo de energía promedio de una instalación minera fue de 6,9 MW, mientras que en 2014 fue de solo 1,8 MW. Este aumento se debe al aumento de los volúmenes de datos que se procesan en la red y al despliegue de equipos más eficientes.

El consumo y desperdicio de electricidad se produce durante la creación de criptomonedas y NFT, incluso durante su proceso de minería. Cada vez que se extrae una criptomoneda o NFT, se utilizan aproximadamente 60 kWh de electricidad (fuente). Esto significa que la cantidad de electricidad utilizada por un solo algoritmo ha aumentado un 60% en los últimos dos años. El nivel de consumo de energía depende de la velocidad de hashing (el proceso que da como resultado la búsqueda de soluciones a los problemas criptográficos) utilizada. En la actualidad, la tasa de hash de la red de Bitcoin es de aproximadamente 4300 terahashes por segundo (TH/s), la de Ethereum es de aproximadamente 480 TH/s y la de Zcash es de aproximadamente 40 TH/s. Esto significa que las criptomonedas consumen el doble de electricidad que hace dos años.

La electricidad total utilizada por todas las criptomonedas en 2016 y 2017 fue de 12,7 y 13,3 TWh, respectivamente. Suponiendo un consumo de energía promedio de 1 kWh por TH/s, 12,7 TWh equivale a 1800 millones de kWh o $1,8 \times 10^9$ kWh (fuente). Esto se puede comparar con el consumo mundial de electricidad en 2016 de 14,2 mil billones de kWh, que es 15×10^9 kWh (fuente). Esto significa que las criptomonedas representan aproximadamente el 0,5% de la energía consumida por todo el mundo cada año (si comparamos el consumo de electricidad de 2016 y 2017).

La cantidad de energía utilizada por las criptomonedas para extraer cada una de estas monedas es significativa. Vale la pena analizar si el uso de criptomonedas y la creación de NFT contribuirán significativamente al cambio climático antropogénico.

Todas las monedas tienen sus propios impactos ambientales únicos, pero el impacto generalmente no es significativo en comparación con otros productos con impactos similares. Una canasta de criptomonedas proporciona una buena comparación para el análisis, ya que comparten impactos ambientales similares, como el consumo de energía y los desechos producidos. Debido a que algunos mercados son a corto plazo, como el mercado de ETH, esto aumentará ligeramente el peso total. Por ejemplo, Bitcoin tiene un consumo de energía promedio de 0,6 MW, mientras que NEO tiene un consumo de energía promedio de 1,7 MW. La ponderación de Bitcoin será mayor que la de NEO, ya que tiene más peso debido a su capitalización de mercado.

Estas monedas tienen impactos ambientales similares (para la minería), pero difieren en cuanto al tipo de desechos que producen. Aunque muchas criptomonedas y NFT usan algoritmos PoW, actualmente no se usan de la misma manera que Bitcoin; en cambio, tienen diferentes cadenas de bloques, y la mayoría tiene diferentes usos para los que se usa Bitcoin hoy. Las criptomonedas como IOTA se utilizan para la comunicación de máquina a máquina. Esto significa que necesitamos ver cómo evolucionará su red con el tiempo, lo que aún no ha sucedido para ninguna criptomoneda o NFT en particular. Además, también debemos considerar el estado actual de sus redes frente a cómo podrían estar evolucionando hacia sus casos de uso. Por ejemplo, se debe fijar un conjunto de parámetros para un sistema de transacciones eficiente en el blockchain NEO.

El desempeño de estas nuevas monedas y la red es diferente, y no podemos medir fácilmente los impactos ambientales de los problemas de ingeniería que deben resolverse para operar estas redes. Además, las operaciones mineras tardan en implementarse. Todas estas monedas han tenido una cantidad significativa de tiempo para evolucionar de una forma u otra. A medida que aumente el número de usos de criptomonedas y NFT, las redes serán más eficientes y el consumo de energía necesario para su uso debería reducirse.

Los ingresos de la minería no son una fuente amigable con el medio ambiente y contribuyen a las altas emisiones de gases de efecto invernadero (GEI) y la contaminación del aire en muchos lugares. Aunque pueda parecer contradictorio, usar electricidad en lugar de recursos contaminantes es un gran paso hacia la reducción de las emisiones de GEI y la contaminación del aire sin dejar de generar ingresos.

Cada vez que extraemos una criptomoneda e incluso un NFT, ejecutamos un algoritmo informático para tratar de resolver problemas matemáticos más rápido que nadie. Estamos tratando de resolver estos problemas en un período de tiempo muy corto para obtener la recompensa en bloque. A medida que cambia la dificultad de los algoritmos y se requiere más hash para extraer nuevos bloques, los costos de energía deberían aumentar con el tiempo. Sin embargo, es difícil de predecir, ya que depende de factores como cuántas transacciones hay en una red determinada. Hasta ahora, todas estas redes han mantenido su consumo de energía por debajo de 1 MW, y esto les ha permitido atraer una atención significativa de los inversores que creen que tendrán éxito en sus casos de uso.

El principal problema de la minería es el alto nivel de consumo de energía que requiere, los altos niveles de CO_2 emitidos y la cantidad de calor producido por las propias plataformas mineras. Entonces, si consideramos su creación y uso, estas monedas tienen una huella de carbono significativa en comparación con su huella digital. Estos impactos difieren según el tipo de moneda y el tiempo que han estado en circulación.

NEO es probablemente una de las redes más eficientes para su caso de uso, pero solo es eficiente porque usa una billetera de hardware específica que le permite interactuar con diferentes funciones dentro de su ecosistema de cadena de bloques. Tener esta billetera de hardware lo hace eficiente, ya que está diseñado específicamente para interactuar con NEO y sus contactos inteligentes para ejecutar un programa o comprar y vender activos en el blockchain. Esto da como resultado una pequeña huella de carbono y un consumo de energía bastante bajo en comparación con sus pares.

Este alto nivel de eficiencia viene con un alto costo ambiental; simplemente no lo hemos visto resaltado directamente todavía (aunque ha habido evidencia de ello). Esperamos un aumento en la cantidad de calor producido por los ASIC con el tiempo, pero la tecnología utilizada para la minería de criptomonedas aún no se ha perfeccionado.

Por ejemplo, cuando los usuarios tienen Ethereum de un intercambio de criptomonedas, aún no son dueños completos de sus monedas. Todavía tienen que venderlas en un intercambio de criptomonedas, e incluso si los usuarios tienen sus monedas en una billetera de hardware, pueden ser hackeadas. Los usuarios no poseen ningún valor a menos que usen el blockchain ETH a través de sus contratos inteligentes y aplicaciones descentralizadas. Lo mismo ocurre con otras criptomonedas y NFT, lo que significa que los usuarios aún deben usar los tokens nativos de la red. Aunque esto está planeado para NEO y lo que le da su eficiencia, vale la pena señalar que los usuarios que no tengan acceso a estos contratos inteligentes o aplicaciones descentralizadas tendrán que pagar el costo de la energía, independientemente de cuán eficiente sea su plataforma blockchain.

Este no es el caso de Bitcoin, lo que significa que toda la energía utilizada para extraerlo fue necesaria y solo costó lo que tendría que seguir siendo eficiente. Suponga que está utilizando una computadora y electricidad para impulsar este proceso. En ese caso, está consumiendo energía directamente en la red de Bitcoin, y ese es el costo de crear o comprar un Bitcoin. Ambos cubren los costos directos y también consideran las fuentes indirectas de impacto ambiental, como el agotamiento de los recursos. Esto significa que podemos comparar cuántos Bitcoins se crearon con cuánta energía se consumió para producirlos.

El impacto de Bitcoin dependerá de su caso de uso porque está realizando transacciones sin beneficios adicionales más allá de su propio token nativo. Ahora podemos sumar el impacto de su creación al consumo de energía actual para medir su impacto total en el medio ambiente.

La huella de carbono de Bitcoin es similar al costo de crearlo y solo aumenta a medida que aumenta el precio de la electricidad. Esto significa que era una fuente amigable con el medio ambiente cuando se creó, pero como la electricidad se ha vuelto más cara y menos eficiente en 2018, esta situación ha cambiado. Esperamos que la huella de Bitcoin continúe aumentando con el tiempo debido a su falta de innovación y enfoque en crear una moneda con una tasa de inflación más alta.

Con NEM (XEM), una de las criptomonedas que usamos para crear XAI, tenemos un problema similar al de NEO. En el caso de NEM, la red se usa para establecer contratos y enviar activos, pero nuevamente, esto solo es útil cuando tiene XEM en una billetera de hardware, ya que usted no es dueño de sus criptomonedas. De lo contrario, es como tener dinero en efectivo u oro en el bolsillo, y todo lo que hace es permitirle gastar dinero en artículos a la venta en el mundo real. La huella de carbono de NEO está dominada específicamente por las actividades de su sistema operativo, pero eso no tiene en cuenta toda la energía consumida por sus mineros a lo largo del tiempo, quienes continuarán consumiendo electricidad mientras generan monedas en función de su tasa de hash.

Al observar XAI y todos sus casos de uso, podemos estimar el impacto climático que tendrá. Podemos comparar la huella de carbono de todas las fuentes de energía renovable, como la solar o la eólica, con el impacto de una moneda para medir su eficiencia. Esto significa que XAI tendrá un costo de producción más bajo que Bitcoin porque no habrá ningún consumo de energía adicional. Esto se debe a que existen medios para ganar valor sin usar la moneda en sí y algoritmos de generación de ingresos que nos permiten intercambiar criptomonedas o NFT para ganar XAI.

Estos factores se unen para crear una moneda con una huella de carbono baja en el planeta. Esto no quiere decir que las criptomonedas sean buenas para el medio ambiente, o que no debería importarle, pero en un nivel muy básico, las monedas que no son volátiles son mejores que las que tienen una adopción limitada en los próximos años. Si observamos la salud total de todos los ecosistemas, tiene sentido que más monedas harían más daño que bien a sus entornos circundantes.

Para llevar esto más lejos, si queremos luchar contra el cambio climático y ser conscientes del medio ambiente, debemos observar cuánto CO_2 pueden producir las criptomonedas. Si un producto o servicio tiene una mayor demanda y si su producción es sostenible, entonces podemos ver que no habrá un impacto negativo en el medio ambiente. Por ejemplo, las fuentes de energía renovable tienen costos más bajos y hacen que las emisiones de carbono sean un elemento positivo de su ecosistema. Esto significa que, si más personas usan una criptomoneda que produce menos CO_2, habrá más emisiones de carbono con el tiempo. Sin embargo, comparemos esto con la cantidad de personas que usaban XAI a partir de 2018. Significa que hay pocas o ninguna desventaja en adoptarlo a gran escala porque todos sus beneficios se crean al darle un valor adicional a XAI (en lugar de ser utilizado como reserva de valor).

XAI es una representación tokenizada de los costos monetarios de carbono de todos los activos y NFT que figuran en su plataforma. A medida que XAI integre nuevos activos, el número de sus usuarios aumentará, al igual que la demanda de XAI para negociar o liquidar estas transacciones. Podemos ver que comprar y vender activos del mundo real o artículos digitales no agrega nada a su huella ambiental, a diferencia de lo que sucedería si consumiéramos bienes físicos. Crear productos o servicios basados en una tecnología utilizada para cualquier otro propósito significa que está destinado a resolver un problema que es más eficiente en el tiempo que si estuviéramos usando recursos no reemplazables.

En el caso de XAI, podemos ver cuánto vale una moneda en el mundo real, comparándolo con la cantidad de CO_2 que produce una moneda, lo que lleva a la conclusión de que, si está usando XAI, entonces no hay producción de CO_2. Si comparamos esto con Bitcoin, podemos ver que alimentar a todos sus mineros cuesta $10 de electricidad, y al mismo tiempo, produce algunas emisiones de CO_2 porque están usando electricidad para obtener su dinero.

Llevemos esto al siguiente nivel y traigamos todas las criptomonedas y modelos comerciales viables. Si observamos otras monedas que no producen emisiones de carbono, como NEM y NEO, entonces hay menos producción de electricidad que Bitcoin porque no tiene mineros. Si está utilizando XAI en una transacción, está utilizando NFT, que no tienen ningún impacto ambiental.

Si consideramos esto durante la creación de la transacción, significa que la solución debería ser obvia si está buscando crear una criptomoneda o activo amigable con el medio ambiente. Significa que podemos hacer una moneda casi perfecta para el futuro de la tecnología blockchain con XAI, una que sea respetuosa con el medio ambiente y tendrá más adopción porque cuanta más gente la use, mayor será.

Como hemos visto, es poco probable que las criptomonedas sin ningún impacto ambiental tengan éxito en una época en la que estamos rodeados por el cambio climático y la contaminación ambiental. Si hay un gran grado de impacto negativo de las operaciones de su criptomoneda, entonces no tiene mucho sentido usarla en primer lugar. Estas monedas terminarán siendo abandonadas porque se encarecerán con el aumento de los costos de producción a medida que la electricidad se vuelve más cara. Mientras tanto, si le preocupa el medio ambiente, al observar los NFT, debe analizar el impacto que tienen los tokens en el planeta.

Capítulo 10: Posibilidades Infinitas

"Con un gran riesgo viene una gran recompensa", el no tío de Peter Parker definitivamente dijo alguna vez. El punto es que el espacio NFT ofrece muchas oportunidades para aumentar su riqueza, al igual que el resto del criptomundo. Si hubiera obtenido 20 Bitcoins por solo $200 dólares en 2008, habría tenido alrededor de un millón de dólares para 2021. Es posible que Bitcoin nunca vuelva a valer $10, pero no se desespere. Los NFT son otra oportunidad de triunfar o ganar una buena cantidad de dinero.

¿Hacia Dónde Se Dirigen los NFT?

Uno de los aspectos más interesantes de la Nueva Economía Alimentaria es que no se trata solo de alimentos. Como se señaló en un artículo de The Atlantic, "los NFT están a la vanguardia de la transformación de nuestra relación con los objetos físicos. Hoy en día, los NFT satisfacen los deseos humanos de autenticidad, propiedad y estatus".

Es posible que haya escuchado este tipo de argumento antes. Lo nuevo aquí es que los NFT ya no son solo archivos digitales, también están tomando una forma física. Esto abre todo tipo de oportunidades para aumentar los intangibles (como la intangibilidad y la tangibilidad en sí mismas). Entonces, por ejemplo, puede tener una pieza de joyería en forma de archivo digital, pero también puede usarla en su dedo en una fiesta. Sin mencionar la propiedad de un automóvil, o tal vez no.

Veamos algunos ejemplos de lo que estamos hablando. Bueno, tomemos cosas como el vino o las verduras. Ahora puede obtener cosas que antes no estaban disponibles convirtiéndolas en un NFT y vendiéndolas de alguna manera. Luego, hay todo tipo de productos que puede comprar que son simplemente muy difíciles de producir a escala, como materiales de construcción para el tipi, la casa y el castillo.

El punto es que los NFT ya están extendiendo la producción de cosas físicas al mundo digital y, al hacerlo, liberando todo tipo de valor que de otro modo sería antieconómico. Esto significa que el blockchain puede generar valor en prácticamente todas las industrias en todos los ámbitos, incluso en aquellas que nunca pensó que podrían reducirse en el mercado.

Los NFT serán uno de los desarrollos más importantes durante la próxima década, no solo para los juegos, sino en todas las industrias. Cualquiera puede comprar y vender sus objetos y artículos digitales, que rápidamente también se convertirán en objetos físicos.

¡Compre y HODL!

HODL: un meme que recientemente ha despertado el interés del mundo cripto. Significa "Hold On for Dear Life" en inglés, o bien, "Aferrarse a la Querida Vida" en español. Generalmente se usa para describir el acto de aferrarse a las criptomonedas en momentos en que el mercado es turbulento. Si es nuevo en el mundo de las criptomonedas, HODL puede parecer un acrónimo extraño que usan muchas personas en el espacio. En general, muchos utilizan esta palabra queriendo decir "aferrarse". Comprar y "HODLar" es una estrategia de inversión. Utilizado originalmente a principios de 2013, tenía la intención de sugerir que los inversores mantuvieran el mediano plazo durante los períodos de volatilidad del mercado (generalmente inversiones a largo plazo).

Hoy en día, con la creciente popularidad de las criptomonedas, la gente ha entendido que HODL significa que las personas deberían conservar sus criptomonedas por cualquier motivo. Si un precio está cayendo, la gente "HODLará" en lugar de vender. También se puede usar en otros casos, como "HODL Bitcoin" o "HODL Ethereum". Algunas personas incluso lo usan como verbo: "Voy a dormir un poco, pero voy a HODL por el resto de la noche".

Se hizo particularmente popular en 2017 cuando los precios de las criptomonedas crecieron a un ritmo sin precedentes. La gente compraba y se aferraba a cualquier criptomoneda que pudiera tener en sus manos. Muchos ganaron fortunas a medida que los precios de la mayoría de las criptomonedas aumentaron exponencialmente. A medida que el precio de Bitcoin alcanzó máximos históricos, las personas que se habían aferrado a sus monedas durante años obtuvieron enormes ganancias.

También se puede usar de una manera más jovial para describir a alguien que se aferra a sus criptomonedas. Si viene un amigo y le dice que ha vendido todas sus criptomonedas, podría decir: "¡Guau! ¡Qué idiota! Debería haber "HODLeado".

Si bien es cierto que comprar y aferrarse a las criptomonedas a mediano plazo (1 a 5 años) puede ser riesgoso, vale la pena hacerlo a largo plazo. Si está buscando una estrategia a más corto plazo, el comercio diario sería la mejor opción (o 2,5 días, según Crypto

Bobby).

Pero, ¿por qué aferrarse a la querida vida? ¿Por qué no simplemente vender? La razón es simple; si mantiene sus criptomonedas y NFT a largo plazo, las ganancias son mucho mayores que si decide vender.

En 2017, Bitcoin creció más de un 1.300 %, pasando de 1.000 dólares a principios de año a poco más de 15.000 dólares a finales de diciembre. Si alguien hubiera tenido $1.000 en Bitcoin y vendido a $15.000 el 31 de diciembre de 2017, habría ganado $14.000. Pero si hubiera "HODLeado" y conservado su Bitcoin de $1.000 (o cualquier criptomoneda que hubiera tenido) durante todo el año, entonces, para fin de año, ¡habría tenido más de $100.000! ¿En qué más puede invertir y esperar un rendimiento de más del 150.000%?

Al invertir, también es importante saber cuándo vender. Si el precio de su inversión está bajando rápidamente, entonces es hora de vender. Si un anuncio inminente afecta el precio de una criptomoneda en particular, entonces es mejor vender antes de que salga otro anuncio.

En su nivel más simple, "To The Moon!" (¡A La Luna! en español) significa que los comerciantes están dispuestos a asumir riesgos para obtener grandes ganancias para ellos y sus inversores. Es indicativo de un sentimiento alcista; puede decirles a los comerciantes que creen que los precios volverán a subir después de una recesión o simplemente seguirán subiendo a un ritmo explosivo.

El problema principal es que las posiciones de la cartera de muchos inversores aún no generan ganancias. Por lo tanto, podrían correr un poco de riesgo mientras esperan que sus posiciones más grandes generen ganancias. Una señal "¡A la luna!" se ve a menudo cuando los inversores están tratando de compensar una posición especulativa o de bajo rendimiento que aún no ha alcanzado su mínimo. Sin embargo, demasiada precaución puede hacer que los inversores pierdan otras oportunidades que pueden surgir en la parte inferior del mercado. Por el contrario, el comercio agresivo en NFT puede ayudarlos a obtener ganancias de pequeñas oscilaciones de precios hacia arriba. La frase también implica que el comerciante confía en que el precio subirá, por lo que está dispuesto a comprar en un mercado a la baja.

El Metaverso

Si no está familiarizado, el metaverso es un universo conceptual que se modela en el espacio digital y se interconecta a través de computadoras y otros dispositivos a través de redes. Al igual que la forma en que usamos Internet hoy en día, las personas visitarán mundos en esta "nueva dimensión" conectándose a ella con una interfaz como una computadora portátil. La diferencia con el metaverso es que tiene muchas más herramientas de movilidad e interacción para hacer que las visitas sean atractivas. No hay límites para explorar o crear dentro de este entorno virtual.

En 2022, la escena del criptoarte seguirá creciendo más rápido que nunca debido a la menor cantidad de regulaciones sobre las OIC y los intercambios en línea. La gente comenzará a invertir más dinero en criptoarte porque les conviene hacerlo con intercambios en línea o dispositivos de realidad virtual. La gente venderá pinturas y dibujos por muchas criptomonedas diferentes. Entonces, un artista puede aceptar pagos en Bitcoin, Ethereum y otras formas de moneda digital. Cuando se vende una obra de arte, el artista simplemente recibiría una notificación del intercambio informándole que recibió el pago en esa moneda. Luego, el artista podría usar esa moneda para comprar nuevos materiales de arte, alimentos o cualquier otro artículo que desee.

Uno de los mayores intercambios de criptoarte será The Metaverse Art Exchange. El metaverso es una plataforma abierta impulsada por blockchain con realidad aumentada y realidad virtual integradas. Es un entorno/experiencia/mundo realista, persistente y completamente funcional al que todos pueden acceder con auriculares o teléfonos inteligentes especializados. Esta plataforma ayudará a los artistas a crear artículos virtuales para vender en su intercambio. Cuando el artista crea un artículo, puede decidir cuánto quiere cobrar por él en forma de criptomoneda. Entonces, si un artista quiere hacer 10 pinturas, puede fijar el precio de cada pintura en $1 o 0,005 BTC o incluso menos, dependiendo de qué tan barata sea la obra de arte y qué tan rápido quiera venderla. Algunos artistas incluso decidirán regalar su trabajo de forma gratuita.

Con el Metaverse Art Exchange, los artistas pueden crear y vender obras de arte digitales a cualquier persona en el mundo en cuestión de minutos con poco o ningún conocimiento técnico. Los artistas podrán compartir un enlace o clave pública de su obra de arte a través de las redes sociales o sus cuentas de correo electrónico. Cuando alguien les compra obras de arte virtuales, el Metaverse Art Exchange les notificará automáticamente y les enviará la criptomoneda que se acordó entre el artista y el cliente.

Una de las partes más emocionantes del criptoarte es obtener su propio avatar o identidad únicos dentro de un entorno que ha construido usted mismo. Ya sea que quiera ser un artista famoso, un músico o incluso un perro famoso, puede ser lo que quiera en el metaverso. Puede crear su propio mundo e invitar a otras personas para que puedan visitar o comprar artículos de su creación única. Las posibilidades son infinitas sobre cómo le gustaría diseñar su mundo virtual.

Entonces, en 2022, la tecnología del metaverso hará posible que los artistas creen y vendan su arte digital en línea dentro de mundos virtuales con facilidad. Esto creará una forma completamente nueva para que los artistas interactúen con su audiencia sin importar en qué parte del mundo se encuentren o qué tipo de dispositivo estén utilizando. También facilitará que los artistas vendan sus obras de arte porque el proceso de venta y compra de criptoarte será global y descentralizado.

Puede comprar o vender obras de arte a través de múltiples sitios web y sitios tipo subasta, todo a la vez con una interfaz de realidad virtual en su casco de realidad virtual de iPhone o Android. La mejor parte de esto es que no hay restricciones sobre lo que desea comprar o vender, como las habría si estuviera haciendo esto usando un sitio web en línea hoy.

La necesidad de los artistas de crear contenido virtual dentro de los mundos virtuales crecerá de forma espectacular en los próximos siete años. La demanda de obras de arte en línea aumentará porque la gente comenzará a invertir más dinero en artículos virtuales en lugar de físicos. Cuando puede comprar y vender arte en línea, los precios aumentan porque la demanda es alta, por lo que siente la necesidad de ser creativo con lo que quiere comprar o vender. Pronto, los artistas crearán contenido digital para mundos virtuales que cualquiera puede comprar en el mundo en cuestión de minutos.

Los artistas comenzarán a aumentar en popularidad, ya que ahora están comenzando a crear grandes obras de arte porque entienden lo valiosas que pueden llegar a ser sus creaciones. Este tipo de tecnología pondrá a los artistas en la cima como nunca antes y les brindará oportunidades que nunca creyeron posibles.

Esta tecnología descentraliza el mundo del arte para que no tenga que depender de galerías o casas de subastas para vender su obra de arte. Simplemente puede construir un mundo virtual usando el metaverso y vender sus obras de arte digitales dentro de él. Con esta tecnología, podrá controlar cuánto le gustaría cobrar por cada obra de arte y darle a la gente lo que quiere. Puede crear diferentes tamaños y tipos de contenido que la gente disfrutaría viendo en mundos virtuales.

También puede usar dispositivos de realidad virtual para otros fines, como jugar con amigos en línea o conocer gente nueva de todo el mundo. Es un mundo completamente nuevo con nuevas reglas que aún se escriben mientras hablamos sobre lo que esta tecnología puede hacer por las personas. Cambiará todo acerca de cómo viviremos en el futuro y tendrá un impacto para siempre en todo, desde la economía hasta la estructura social.

El futuro del arte será muy diferente al actual debido a la tecnología. Las criptomonedas como Bitcoin, Ethereum y Litecoin jugarán un papel importante en este tipo de intercambio porque las personas comenzarán a intercambiar arte virtual a través de ellas. El valor de las obras de arte aumentará drásticamente a medida que más personas inviertan dinero en ellas en línea. Entonces, los artistas tendrán más oportunidades y se volverán más ricos que nunca antes en la historia.

Los Mejores Proyectos de NFT para Ver en 2022

Los CryptoPunks de Larva Labs: Creados en 2017, son uno de los principales proyectos NFT de Ethereum. Cada punk se generaba con algoritmos y solo había 10.000 disponibles. Los más populares son los humanos, pero hay otros, tales como simios, alienígenas y zombies, y recaudaron $8 millones en la subasta.

Axie Infinity: Este tuvo el mayor volumen de 2021, y estas criaturas se utilizan en Axie Infinity, una cadena basada en blockchain. Para jugar, necesita tener tres Axies. Sus precios dependen de sus rasgos, pero uno cuesta alrededor de $200.

Bored Ape Yacht Club de Yuga Labs: Esto es como CryptoPunks porque se usan como avatares. Esta es una colección de simios de dibujos animados con diferentes rarezas y rasgos, y el más barato del lote cuesta $250.000. No hace mucho tiempo, podía obtener 1 por solo 1 ETH, pero ahora al momento de escribir esto costaban 75 veces más. Desde que se creó, los titulares de tokens recibidos por airdrop se consideran MAYC o Mutant Ape Yacht Club (Club de Yates de los Simios Mutantes) y BAKC o Bored Ape Kennel Club (Club Canino de Simios Aburridos). Ambos obtuvieron precios mínimos de 15 ETH y 6 ETH, respectivamente. BAYC en realidad organiza eventos solo para los titulares del token.

Meebits de Larva Labs: Esto fue hecho por los creadores de CryptoPunks, y en el momento de su lanzamiento, se vendió por alrededor de 2,4 ETH. En estos días cuestan entre 3 ETH y cientos de ETH. Todo se reduce a la rareza de Meebit, y están destinados al metaverso, ya que estos son personajes en 3D adecuados para entornos de blockchain de mundo abierto.

El Futuro es Ahora

Somos seres humanos, lo que significa que nada amamos más que poder mostrar lo que tenemos y hacemos y quiénes somos. A la gente le encanta presumir de sus posesiones, riqueza, vacaciones costosas, autos exóticos, relojes que rompen bancos y ahora sus NFT. Estos tokens no fungibles permiten una nueva y emocionante forma de mostrar sus derechos de fanfarronear sobre artículos originales y auténticos que a menudo cuestan un centavo. Esto les dice a otros que tiene fondos más que suficientes para gastar en bienes digitales.

Es probable que estos proyectos, entre otros, sigan siendo exitosos durante mucho tiempo, pero debe tener en cuenta su participación porque hay un gran grado de exageración en el aire cuando se trata de NFT. Por lo tanto, siempre debe asegurarse de hacer su propia tarea antes de invertir su dinero en cualquier cosa y, como inversionista inteligente, nunca ponga más de lo que puede permitirse perder. Además, cuando gane, asegúrese de jugar con el dinero de la casa.

Índice de Términos

Acuñado: Este es el proceso de crear sus propios NFT que puede publicar como un token ERC720 utilizando el blockchain de Ethereum, lo que significa que las personas pueden comerciar y poseerlo como un activo.

Alpha: También llamado Alphaing, es tener acceso a información interna crítica que no todos conocen y que usted puede o no tomar en cuenta.

Airdrop: NFT de bonificación o coleccionables gratuitos que los creadores de NFT ofrecen para crear más entusiasmo por su proyecto o recompensar a los seguidores leales.

Ape-ing: También "ape-ing en algo". Esto no está relacionado con el Club de Yates de los Simios Mutantes u otros proyectos similares a los simios. Se trata de comprar un proyecto NFT sin investigación, sin análisis y de manera irresponsable, a menudo como resultado de FOMO y con más dinero del que es bueno para el saldo de su cuenta.

Arte Generativo: Arte que tiene atributos en común como el color de los ojos, la ropa, el color del pelaje o de la piel, el color del fondo, etc. Estos diferentes rasgos y atributos permiten a los creadores generar NFT únicos por miles. Los rasgos iniciales se hacen a mano y luego se combinan aleatoriamente usando una computadora. Este es un proceso definido como generativo.

Blockchain: También conocido como cadena de bloques, es un sistema que permite registrar transacciones con criptomonedas a través de varias computadoras conectadas entre sí mediante una red peer-to-peer.

Contrato Inteligente: Un contrato que incluye los términos de un acuerdo entre compradores y vendedores que se ejecuta solo. Este contrato está incrustado en el código.

Ded: Una alfombra tirada de debajo de un proyecto. Una falta de ortografía de la palabra "dead", que en español significa "muerto".

Drop: El lanzamiento de un nuevo proyecto o colección.

DYOR: Pronunciado como DIOR; esta es la abreviatura de Do Your Own Research (Haga Su Propia Investigación en español). Los NFT siempre deben investigarse antes de invertir dinero en ellos.

Flip: Un proceso rápido de compra y venta para ganancias fáciles en lugar de mantener durante varios días. Similar al concepto de especulación en el comercio de materias primas, divisas y otros mercados financieros.

FOMO: Fear of missing out o miedo de perderse en español. Caracterizado por acumular ciertos tokens con la esperanza de que se conviertan en exclusivos u obtener ganancias masivas. A menudo, esto implica comprar en función puramente de la emoción en lugar de un análisis técnico y fundamental sólido.

FUD: Fear, Uncertainty, Doubt, que en español puede traducirse como Miedo, Incertidumbre, Duda. Un término para describir tweets malos, mensajes de Discord y noticias que podrían ser totalmente falsas o al menos inexactas, pero que de todos modos conducen a una caída en el precio de los NFT y otros criptoactivos.

Gas: Impuesto pagado por la acuñación, compra y venta de activos digitales utilizando la red blockchain. El precio del gas depende de la oferta y la demanda, la congestión de la red, etc.

Guerra de Gas: Común a Ethereum e inevitable. Las tarifas de gas deben aumentarse en períodos en los que hay más demanda que oferta de NFT para superar a otros postores para que pueda tener una transacción exitosa. Todo este proceso se llama guerra de gas.

HODL: Al principio, un error ortográfico de "hold" ("aferrarse" en inglés) que ahora significa "Hold On for Dear Life" ("Aferrarse a la

Querida Vida" en español). Seguir con sus inversiones en NFT sin importar la tormenta.

Manos de Diamante: Aquellos que se quedan con un activo sin importar la dramática volatilidad, el terrible sentimiento del mercado, las malas noticias, etc. Además, es un verbo.

Manos de Papel: La antítesis de manos de diamante. Aquellos que venden demasiado bajo no están capeando la tormenta de la volatilidad. Un verbo.

Metadatos: Toda la información necesaria y los datos únicos que hacen de un NFT lo que es. Define el aspecto de los coleccionables y el arte, y con frecuencia tendrá que actualizar esto en OpenSeato para ver cómo se ve su token recién acuñado.

MM: MetaMask. En el ecosistema Ethereum, esta es la billetera más popular para NFT.

Moon: "Mooning" o "going to the moon" ("ir a la luna" en español) significa que el valor de un activo está aumentando o aumentará dramáticamente.

NFT: Token no fungible. Un token criptográfico insustituible que no se puede copiar ni replicar, utilizado en diversas industrias, principalmente en juegos y arte en el momento de escribir este artículo.

Proyecto: Una colección de arte o activo digital conectado en términos de tema o historia, como Loot o Fluff World. Estos tienen una hoja de ruta compartida para ayudar a los inversores y coleccionistas a comprender la visión del proyecto.

Proyecto 10K: Uno con unos 10.000 avatares, inspirado en la colección CryptoPunks 2017. No todos tienen exactamente 10.000 avatares, pero se trata simplemente del tipo de colección, no del número exacto.

Proyecto Avatar: Un proyecto que tiene una colección de varios miles de avatares NFT. Tales como Gutter Cat Gang, Cool Cats, Bored Ape Yacht Club y Cryptopunks. Lo mismo que un proyecto 10k.

Proyecto PFP: Profile picture project (proyecto de imagen de perfil en español). Un proyecto avatar o 10k que se trata de avatares utilizables en Discord, Reddit, Twitter, etc.

Revelación: En referencia al hecho de que su arte solo se revela después de la compra, no antes. Algunos creadores permiten que suceda de inmediato. Otros esperan a que se agote toda la colección o permiten un plazo máximo de 1 o 2 días.

Rug Pull: Tirón de Alfombra en español. Esto es lo que sucede durante un bombeo y volcado, cuando se comercializa un NFT solo para ser abandonado a la mitad del proyecto por los creadores, lo que hace que el valor caiga en picado.

Snapshot: Instantánea en español. Los creadores crearán una instantánea de todos los titulares de un NFT para ver si son elegibles para un airdrop. Por ejemplo, aquellos con una cierta cantidad de tokens en una fecha y hora determinadas podrían ser elegibles para un airdrop de un nuevo NFT en una fecha futura.

Suelo: El precio de mercado más bajo que puede obtener un NFT *en el momento.* El punto de entrada más bajo.

WAGMI: "We're all gonna' make it" ("todos lo lograremos" en español) un término que escuchará cuando haya noticias alcistas o buenas para un activo.

Whale: Ballena en español. Un inversor con mucho dinero. Es posible que ya haya invertido o esté buscando invertir en un proyecto NFT de alto valor. Si tiene 1000 ETHS en tu cuenta, usted es una ballena; de la misma manera, otra persona que tiene 300 Simios Aburridos también es una ballena. Las ballenas mueven los mercados hacia abajo operando en corto o vendiendo y los mueven hacia arriba comprando.

Referencias

Canavesi, B., Janssen, C., Franklin, P., & Wankhede, P. (2022, 5 de enero). Qué es el Metaverso: Dónde estamos y hacia dónde nos dirigimos. Principal. https://www.td.org/atd-blog/what-is-the-Metaverse-where-we-are-and-where-were-headed

Joshbersin. (2021, 12 de noviembre). ¿Qué es el metaverso? La estrategia de Facebook y cómo Microsoft, Disney y Amazon podrían ganar. -. JOSH BERSIN https://joshbersin.com/2021/11/what-is-the-Metaverse-and-how-microsoft-disney-and-amazon-could-win

Snider, M., Molina, B., y Today, U. (2021, 10 de noviembre). Todo el mundo quiere poseer el metaverso, incluidos Facebook y Microsoft. Pero, ¿qué es exactamente? USA Today. https://www.usatoday.com/story/tech/2021/11/10/Metaverse-what-is-it-explained-facebook-microsoft-meta-vr/6337635001

Data Stems. (s.f.). Metaverso: El siguiente paso en la evolución de la realidad virtual. Punkpos.Com. Extraído de: https://www.punkpos.com/blog/Metaverse-the-next-step-in-the-evolution-of-virtual-reality

Hoffman, C. (2021, 4 de agosto). ¿Qué es el metaverso? ¿Es solo realidad virtual o algo más? How-To Geek. https://www.howtogeek.com/745807/what-is-the-Metaverse-is-it-just-virtual-reality-or-something-more

Sunews. (2021, 29 de noviembre). ¿Qué es el metaverso? Guía para principiantes del Metaverso. SuNews. https://www.sunews.org/technology/what-is-Metaverse-a-beginners-guide-to-the-Metaverse

¿Qué es el Metaverso en blockchain? Una guía para principiantes sobre un mundo virtual habilitado para Internet. (n.d.). Cointelegraph. Extraído de: https://cointelegraph.com/blockchain-for-beginners/what-is-Metaverse-in-blockchain-a-beginners-guide-on-an-internet-enabled-virtual-world

¿Qué es el metaverso? Una nueva realidad explicada. (2022, 4 de enero). XR Today. https://www.xrtoday.com/mixed-reality/what-is-the-Metaverse

White-Gomez, A. (s.f.). Guía para principiantes del metaverso. One37pm.Com. Extraído de: https://www.one37pm.com/nft/tech/a-beginners-guide-to-the-Metaverse

Binstock, Y. (2020). ¿Qué es la realidad aumentada? Todo lo que quería saber con entrevistas exclusivas a los líderes de la industria de la RA. Publicado de forma independiente.

Hayes, A. (2021, 21 de septiembre). Realidad aumentada. Investopedia. https://www.investopedia.com/terms/a/augmented-reality.asp

¿Qué es la realidad aumentada? (2017, 21 de septiembre). Instituto Franklin. https://www.fi.edu/what-is-augmented-reality

Anzar, H. R. &. (2021, 24 de diciembre). ¿Qué es la web 3.0 y por qué se llama internet de nueva generación? Business Standard. https://wap.business-standard.com/podcast/technology/what-is-web-3-0-and-why-it-is-being-called-next-generation-internet-121122400057_1.html

Bhagat, A. (2021, 31 de diciembre). ¿Cree que la web 3.0 es la próxima revolución de internet? Observe estas 3 acciones. Yahoo Finanzas. https://finance.yahoo.com/news/believe-3-0-next-internet-125712525.html

CNBCTV. (2021, 15 de diciembre). ¿Qué es la web 3.0 y por qué es importante? CNBCTV18. https://www.cnbctv18.com/technology/what-is-web-30-and-why-is-it-significant-11826862.htm

CoinMarketCap. (2021, 8 de febrero). ¿Qué es la web 3.0? CoinMarketCap Alexandria; CoinMarketCap. https://coinmarketcap.com/alexandria/article/what-is-web-3-0

Sen, J. (s.f.). Hilando la tercera web: ¿Qué es la web 3.0 y por qué los titanes de la tecnología se pelean por ella? Business Today. Extraído de: https://www.businesstoday.in/technology/internet/story/spinning-out-the-third-web-what-is-web-30-and-why-are-tech-titans-bickering-over-it-316808-2021-12-25

El equipo de Investopedia. (2021, 25 de diciembre). Web 2.0 y web 3.0. Investopedia https://www.investopedia.com/web-20-web-30-5208698

CNBCTV. (2021, 23 de noviembre). Explicado: Las criptomonedas del metaverso y su

funcionamiento. CNBCTV18. https://www.cnbctv18.com/cryptocurrency/explained-Metaverses-cryptocurrencies-and-how-they-work-11568392.htm

Especial ET Spotlight. (2021, 16 de noviembre). Metaverso y su relación con las criptodivisas. Actualidad económica.

https://m.economictimes.com/markets/cryptocurrency/Metaverse-and-its-connection-with-cryptocurrency/articleshow/87741319.cms

H Hou, F. (2021, 10 de diciembre). Cómo comprar en el metaverso: Las criptodivisas que necesitará comprar y cómo conseguirlas. Fortune. https://fortune.com/2021/12/10/Metaverse-shopping-cryptocurrency/

Meshi, D., y Ratan, R. (2022). El metaverso es el dinero, y el cripto es el rey: por qué estará en un blockchain cuando salte al mundo virtual. La conversación. https://theconversation.com/the-Metaverse-is-money-and-crypto-is-king-why-youll-be-on-a-blockchain-when-youre-virtual-world-hopping-171659

Neha Alawadhi, S. S., & Choudhury, D. (2021, 27 de diciembre). De la nube a la criptomoneda y al metaverso, la tecnología que dominó 2021. Business-Standard. https://www.business-standard.com/article/technology/from-cloud-to-cryptocurrency-to-the-Metaverse-tech-that-dominated-2021-121122700006_1.html

Especial ET Spotlight. (2021, 15 de diciembre). Metaverso, NFTs y DeFi: Tres casos de uso de criptomonedas que podrían redefinir las prioridades globales con el tiempo. Economic Times.

https://economictimes.indiatimes.com/markets/cryptocurrency/Metaverse-nfts-and-defi-three-crypto-use-cases-that-could-redefine-the-global-priorities-over-time/articleshow/88299711.cms

Hari, V. E. (2021, 26 de diciembre). De DeFi a NFTs y Metaverse, la revolución de los activos digitales está rehaciendo el mundo. The Week. https://www.theweek.in/theweek/cover/2021/12/23/from-defi-to-nfts-to-Metaverse-digital-assets-revolution-is-remaking-the-world.html

InvestorsObserver. (2022, 12 de enero). Los pros y los contras de las NFT: ¿Nueva forma de arte o muerte del artista? InvestorsObserver. https://www.investorsobserver.com/news/featured/the-pros-and-cons-of-nfts-new-form-of-art-or-death-of-the-artist

Mayank (2022, 5 de enero). El metaverso y su relación con las NFT. LeewayHertz - Empresa de desarrollo de software. https://www.leewayhertz.com/Metaverse-and-nfts

Mittal, A. (2021, 14 de septiembre). ¿Qué es el metaverso y por qué todo el mundo habla de él? Economic Times. https://economictimes.indiatimes.com/tech/technology/what-is-the-Metaverse-and-why-is-everyone-talking-about-it/articleshow/86173493.cms

Murray-Serter, D. (2021, 20 de agosto). Guía para principiantes sobre los NFT y el metaverso. Medium. https://danmurrayserter.medium.com/a-beginners-guide-to-nfts-the-Metaverse-4bcfa9acd161

NFTs y el amanecer del metaverso. (n.d.). Citi.Com. Extraído de: https://www.citi.com/ventures/perspectives/opinion/nfts-Metaverse.html

Los NFT y el metaverso: ¿Qué ventajas tienen por delante? (s.f.). Fxempire.Com. Extraído de: https://www.fxempire.com/forecasts/article/nfts-and-the-Metaverse-what-advantages-lay-ahead-813269

AFP. (2021, 5 de diciembre). El metaverso está haciendo que la gente compre terrenos que solo existen en línea. Mint Lounge. https://lifestyle.livemint.com/news/talking-point/Metaverse-is-making-people-buy-land-that-exists-only-online-111638690448883.html

Binance Academy. (2022, 13 de enero). ¿Cómo comprar terrenos en el Metaverso? Binance Academy. https://academy.binance.com/en/articles/how-to-buy-land-in-the-Metaverse

Gabrielb. (2020, 8 de septiembre). Alquilar en Decentraland. Propiedades en el metaverso. https://Metaverse.properties/rent-in-decentraland

Abbruzzese, Jason (June 16, 2017). "This ethereum-based project could change how we think about digital art". Mashable.

Boscovic, Dragan. "How non-fungible tokens work and where they get their value – a cryptocurrency expert explains NFTs". The Conversation.

Burton, Amber (March 13, 2021). "Want to Buy an NFT? Here's What to Know". Wall Street Journal. ISSN 0099-9660.

Cascone, Sarah (May 7, 2021). "Sotheby's Is Selling the First NFT Ever Minted – and Bidding Starts at $100". Artnet News.

Chevet, Sylve (May 10, 2018). "Blockchain Technology and Non-Fungible Tokens: Reshaping Value Chains in Creative Industries". Rochester, NY. SSRN 3212662.

Clark, Mitchell (March 11, 2021). "NFTs explained". The Verge.

Dash, Anil (April 2, 2021). "NFTs Weren't Supposed to End Like This". The Atlantic.

Dean, Sam (March 11, 2021). "$69 million for digital art? The NFT craze, explained". Los Angeles Times.

Entriken, William; Shirley, Dieter; Evans, Jacob; Natassia, Sachs (January 24, 2018). "EIP-721: Non-Fungible Token Standard". Ethereum Improvement Proposals.

Gault, Matthew (November 3, 2021). "What the Hell Is 'Right-Clicker Mentality'?". Vice.

Gallagher, Jacob (March 15, 2021). "NFTs Are the Biggest Internet Craze. Do They Work for Sneakers?". Wall Street Journal. ISSN 0099-9660.

Genç, Ekin (October 5, 2021). "Investors Spent Millions on 'Evolved Apes' NFTs. Then They Got Scammed". Vice Media.

Howcroft, Elizabeth (March 17, 2021). "Explainer: NFTs are hot. So, what are they?". Reuters.

Kastrenakes, Jacob (March 25, 2021). "Your Million-Dollar NFT Can Break Tomorrow If You're Not Careful". The Verge.

Mendis, Dinusha (August 24, 2021). "When you buy an NFT, you don't completely own it – here's why". The Conversation.

Ostroff, Caitlin (May 8, 2021). "The NFT Origin Story, Starring Digital Cats". Wall Street Journal. ISSN 0099-9660.

Patterson, Dan (March 4, 2021). "Blockchain company buys and burns Banksy artwork to turn it into a digital original". CBS News.

Salmon, Felix (March 12, 2021). "How to exhibit your very own $69 million Beeple". Axios.

Thaddeus-Johns, Josie (March 11, 2021). "What Are NFTs, Anyway? One Just Sold for $69 Million". The New York Times. ISSN 0362-4331.

Urbach, Nils (December 13, 2019). "NFTs in Practice – Non-Fungible Tokens as Core Component of a Blockchain-based Event Ticketing Application" (PDF). Fraunhofer Research Center, Finance, and Information Management.

Wilson, Kathleen Bridget; Karg, Adam; Ghaderi, Hadi (October 2021). "Prospecting non-fungible tokens in the digital economy: Stakeholders and ecosystem, risk and opportunity". Business Horizons: S0007681321002019. doi:10.1016/j.bushor.2021.10.007. S2CID 240241342.

BBC News. (2021, March 3). NFT blockchain drives surge in digital art auctions. BBC News. https://www.bbc.com/news/technology-56252738

Bloomberg. (n.d.). Bloomberg.com. Retrieved August 8, 2022, from https://www.bloomberg.com/news/articles/2021-03-08/bitcoin-btc-mania-boosts-crypto-art-such-as-a-lebron-video-are-nfts-worth-it#xj4y7vzkg

Grey, A. (2021, August 17). How NFTs are set to disrupt the music industry. Entrepreneur Europe. https://www.entrepreneur.com/article/379893

How to make a killing in virtual real estate. (n.d.). Coin.Fyi. Retrieved from https://coin.fyi/news/decentraland/bloomberg-how-to-make-a-killing-in-virtual-real-estate-8qkq2g

Majocha, C. (2021, May 19). Memes for Sale? Making sense of NFTs - Harvard Law Today. Harvard Law Today. https://today.law.harvard.edu/memes-for-sale-making-sense-of-nfts

Matney, L. (2021, April 8). The cult of CryptoPunks. TechCrunch. https://techcrunch.com/2021/04/08/the-cult-of-cryptopunks

www.ingramcontent.com/pod-product-compliance
Lightning Source LLC
Chambersburg PA
CBHW071856090426
42811CB00004B/635

9 781638 181828